Q & A
日本経済のニュースがわかる!
2024年版

いまを読み解く45の分析

日本経済新聞社編

日本経済新聞出版

本書の特徴&読み方

1

Q&A形式でニュースの疑問に答えます

新聞やテレビでよく目にする経済ニュースについての疑問に、日経記者が基礎からわかりやすく答えます。話題のテーマから45のトピックを厳選し、最新情報を交えながら解説しました。Q&Aのページを読めば、ニュースの要点がすぐに理解できます。

2

どこからでも読める読み切りスタイル

各項目は5ページの読み切りスタイルなので、頭から順に読んでも、興味のあるところを拾い読みしてもOKです。また、巻末には用語索引がついていますので、事典的に使うこともできます。打ち合わせや面接の直前、時間のないときも、手軽に話題のテーマを確認することができます。

3

イラストや図表でわかりやすく

本文中、ポイントになる箇所は色を変え、基本的なニュース用語については傍線をつけてページの下で説明しました。各項目にニュース内容を視覚的に理解できるイラストや図表もついています。ひととおり目を通せば、とっつきにくかったニュースも、しっかりとわかるようになります。

第１章

日本経済を見つめる

第2章 企業と業界を知る

第3章

金融状況を理解する

第４章 政策から日本を考える

第5章

世界の動きを捉える

第1章

日本経済を見つめる

Q01 景　気
Q02 物　価
Q03 賃　金
Q04 資　源
Q05 コロナと経済
Q06 雇　用
Q07 行動様式

Q

01

景 気

日本の景気は今どうなのか。

A

米欧に遅れて新型コロナウイルス禍からの回復途上にありますが、人手不足や世界景気の後退懸念などの下振れリスクもあります。

しぶといインフレ、米欧の利上げに危機の芽

世界経済は新型コロナウイルスの感染拡大で大きく落ち込みました。日本は最初にコロナが広がった２０２０年４〜６月期の実質国内総生産（ＧＤＰ）が前期比年率27・９％減と、第２次世界大戦後で最大のマイナス幅を記録しました。

日本は米欧に比べてコロナ禍からの回復が遅れています。22年度時点でＧＤＰは約５４９兆円と、コロナ前の19年度の５５０兆円に届きませんでした。要因はコロナ禍での一定の制約のなかで消費が浮かびにくい状況にあったことです。23年５月にコロナの感染症法上の分類が季節性インフルエンザと同じ５類に移行し、足元では宿泊やレジャーが堅調です。一方で温泉旅館などの宿泊施設では時給を上げても人材が確保できず、フル稼働できないところもあります。コロナの水際対策が緩和され、インバウンド（訪日外国人）消費の拡大が見込まれるなか、ようやく訪れた成長のチャンスを取り逃がしかねない事態になっています。

海外にもリスクが潜んでいます。22年２月にロシアがウクライナに侵攻し、資源高に拍車がかかりました。景気回復で先行した米国は高インフレで利上げを進めてきました。米連邦準備理事会（ＦＲＢ）は23年７月の米連邦公開市場委員会（ＦＯＭＣ）で０・25％の利上げを決めました。23年３月のゼロ金利解除以降、引き上げ幅は５・25％となり、政策金利は22年ぶりの高水準にな

Q 01 景気

インフレ　インフレーション。経済取引が活発で、物価が次第に上がる傾向にあること。

国内総生産（GDP）　一定期間に国内で新しく生産された財やサービスなどの付加価値の総額を指す。その国の経済規模や景気動向を測る指標となる。GDPはGross Domestic Productの略。内閣府は年1回の年次推計に加えて、四半期ごとに速報値を発表している。

直近の「景気の谷」は2020年5月だった

（景気一致指数の推移）

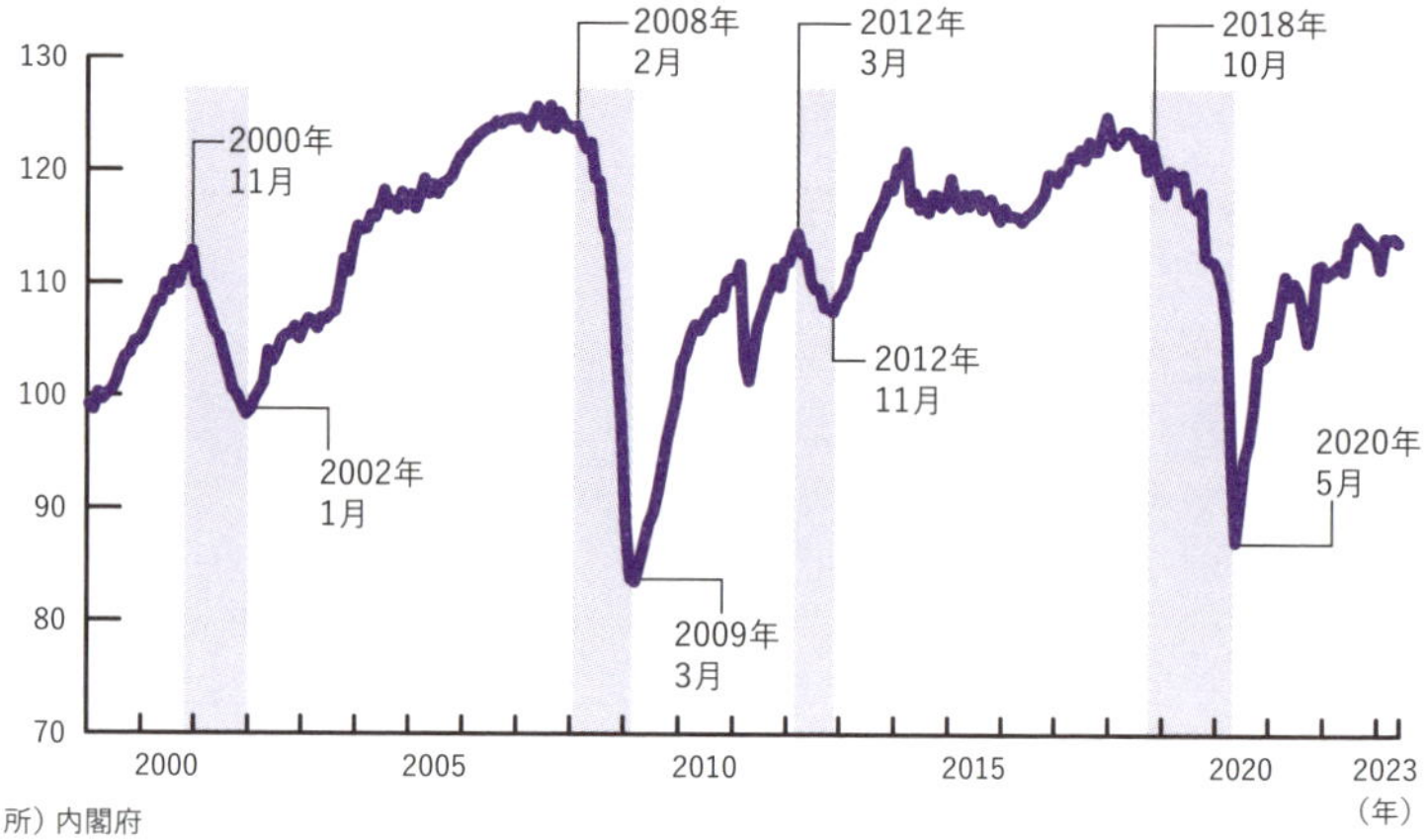

（出所）内閣府

りました。シリコンバレー銀行（ＳＶＢ）は、金利上昇で巨額の含み損を抱えていた債券を売却して実現損が生じ、経営危機が表面化し、米地銀の破綻の引き金となりました。

国際通貨基金（ＩＭＦ）が23年7月に公表した世界経済見通しは、23年の実質成長率について、3カ月前の予測から0・2ポイント上げ、3・0％に上方修正しました。コロナ禍後の急回復で21年は6・3％でしたが、22年は3・5％と、00～19年平均の3・8％を下回りました。23年はさらに低い成長を見込むうえ、懸念材料もいくつかあります。先進国の高いインフレが落ち着くかが最大の焦点で、異常気象やロシアによる輸出合意停止などを受け食品価格が高騰する可能性があります。

欧州は高いインフレが続き利上げを継続して

国際通貨基金（IMF） 加盟国の出資で共同の為替基金をつくり、為替資金繰りの円滑化を助けることを目的に設立された国際金融機関。

います。また、ゼロコロナ政策を解除した中国も回復に弱さがあり、変調が見られます。世界景気が後退すれば、日本の輸出も落ち込みかねません。

日本経済はもともと成長が鈍化していた

日本の低成長はコロナ禍やウクライナ危機の前からの構造的な問題といえます。内閣府は国内でコロナウイルスが最初に広がった時期にあたる20年５月を景気の直近の「谷」と認定しています。その前の谷は12年11月でした。翌12月、ちょうど第２次安倍政権が発足したタイミングに重なって始まった景気回復局面は18年10月まで71カ月に及び、戦後２番目の長さを記録しました。ただ、13〜18年の６年間の平均成長率は１・１％と、米国の２・３％の半分にも届かない水準でした。

その後も消費税の増税があった19年度、コロナ１年目の20年度は２年連続のマイナス成長でした。ほかの主要国がコロナ禍や足元の物価高で減速したのと日本とでは土台が違っています。

そもそも日本は潜在成長率が低迷しています。潜在成長率は労働力や設備の量、生産性の高まりなどから考えられる理論上のＧＤＰの伸び率です。一時的な要因による浮き沈みではなく、経済の地力を示すと考えられます。内閣府の推計によると１９９０年代初めに３％を超えていたのが、90年代後半には１％を割り込むまで急落しました。近年は０％台が続いています。

日本はコロナ後の経済の回復が鈍い

（各国通貨ベースの実質GDP、2018年＝100）

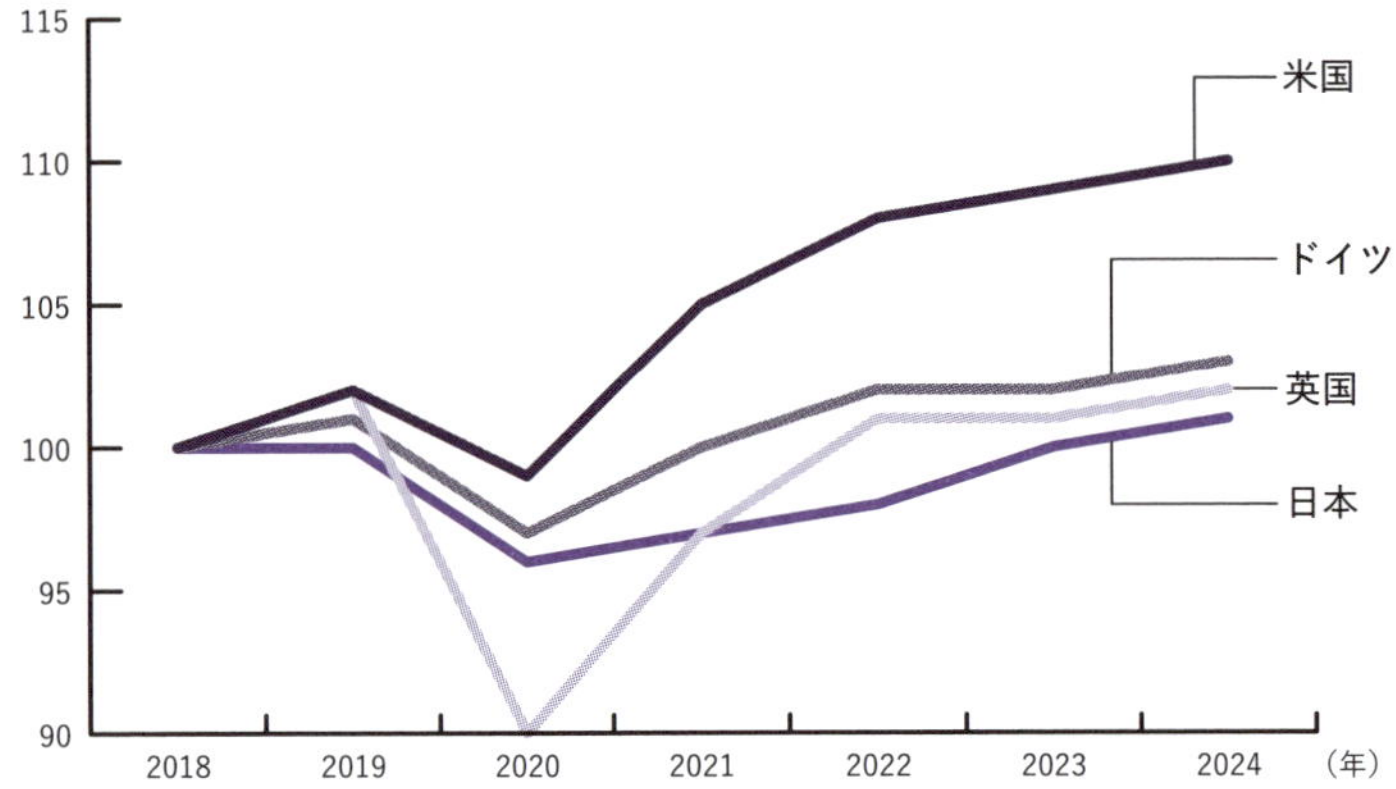

（出所）IMF「世界経済見通し」

国内でもコロナ対策の現金給付で貯蓄が膨らみ、都内の百貨店で売上高が最高になる店舗があるなど、高額商品を中心に消費は堅調です。日経平均株価は23年7月に33年ぶりにバブル後の高値をつけ、それが一層の消費拡大につながる可能性もあります。

足元では国内でも物価高が進んでいます。日本経済団体連合会（経団連）の集計によると、23年の春季労使交渉で大手企業の賃上げ率は3・99％とおよそ30年ぶりの水準になっています。一時的な賃上げにとどまらず、企業が安定して成長し、その果実を家計に還元する流れをどう定着させるかが重要になっています。

春季労使交渉　多くの企業にとって新年度となる4月に向けて労働組合が月給やボーナスなど労働条件について要求し、使用者（経営側）と交渉して決定すること。連合では「春季生活闘争」を正式名称とし、「春闘」と呼ばれる。

Q

02

物価

世界で物価が上がっていると聞いたが、日本はどうなのか。

A

物価上昇率は2023年７月に3.1％と日本銀行（日銀）が目標とする２％を超える水準が続いています。広がってきた企業の賃上げが続くかが今後の物価動向を左右します。

世界の国々で広がるインフレ

歴史的な物価高が世界を覆っています。ロシアが2022年2月にウクライナに侵攻してから原油などの資源高に拍車がかかり、各国・地域でインフレが加速しました。世界のサプライチェーンの分断が構造的な供給制約となり、エネルギーや食料などの価格が上がりました。

経済協力開発機構（OECD）は23年6月、加盟38カ国の23年の物価上昇率が6・6%になるとの見通しを示しました。22年の9・4%に比べれば下がりますが、21年の3・8%をはるかに上回る水準です。国・地域別ではユーロ圏は5・8%、米国は3・9%、日本は2・8%と見込んでいます。

米欧などは金融引き締めで「インフレ退治」を進めてきましたが「粘着質」という表現で語られるようになかなか落ち着きません。米連邦準備理事会（FRB）や欧州中央銀行（ECB）など各国・地域の中央銀行が相次ぎ利上げや金融緩和の縮小に動いています。

一方で日銀は物価や賃金の動向を慎重に見極める必要があると見ており、基本的には大規模金融緩和を続ける姿勢を崩していません。金融政策の違いは日本の好ましい形とはいえない物価上昇を増幅する可能性があります。米国との金利差を背景に円安が進めば、海外から資源や食料などを買うのに余計にお金がかかるようになるためです。

2023年は高インフレが続き、成長は緩やかと見込まれている

	インフレ率		成長率	
	2022年	2023年	2022年	2023年
世界	7.8%	6.1%(0.2)	3.3%	2.7%(0.1)
米国	6.3%	3.9%(0.2)	2.1%	1.6%(0.1)
ユーロ圏	8.4%	5.8%(▲0.4)	3.5%	0.9%(0.1)
中国	1.8%	2.1%(▲0.1)	3%	5.4%(0.1)
日本	2.5%	2.8%(0.3)	1%	1.3%(▲0.1)

(注) カッコ内は前回3月からの修正幅、▲はマイナス、インフレ率の世界はG20
(出所) OECD

デフレ脱却を目標としてきた日本でも値上げの波

日銀の判断の背景には日本の物価高が米欧に遅れる形だったことがあります。ただ6月の消費者物価指数（CPI）は生鮮食品を含む全体の指数が3・3％のプラスとなり、3・0％の米国を追い抜きました。日米が逆転するのはおよそ8年ぶりです。変動の大きい生鮮食品を除く総合指数も日本は7月に3・1％上昇しました。日銀の物価目標である2％を上回る状況が続いています。

総務省は政府の電気、ガス料金の抑制策と観光支援策「全国旅行支援」がなければ4・2％の上昇だったと試算しています。単純計算すると、政策効果で伸びは1・1ポイント抑えられ

消費者物価指数（CPI）　家計が購入する商品やサービスの価格動向を示す指数。金融政策における判断材料の一つ。

たことになります。

問題となるのは物価上昇の中身です。政府・日銀は旺盛な需要が物価を引き上げる流れを期待してきました。企業のもうけが増えて賃金が上がり、消費が活発になることで物価が持続的に高まる、そんな好循環を描いていました。

実際には、日本経済は設備や労働力から考えられる潜在的な供給力に対し、実際の需要が足りない状態が続いています。足元の物価高は需要がけん引する形にはなっていません。

政府はデフレ脱却を判断するのに4つの指標を挙げています。①消費者物価指数、②企業間の取引や貿易も含めた総合的な物価の動きを示す「GDP（国内総生産）デフレーター」、③日本経済全体の需要と供給のバランスを示す「需給ギャップ」、④賃金の動向を映す「単位労働コスト」です。消費者物価は目標の2％を超えていますが、需給ギャップは水準に届いていません。物価が下がり続けるデフレは「消費者がモノを安く買える」と一見、家計に恩恵があるように見えます。ただ、売り手からすると値上げが難しくて収益が上がりにくく、賃上げにも及び腰になります。

この2年ほどで大きく変化したのは企業の値上げへの姿勢です。バブル崩壊後、長くデフレが続いたことで日本の企業や消費者にはその体質が染みついています。生鮮食品を除く物価上昇率は22年度に3％になりましたが、3％を超えたのは第2次石油危機のあった1981年度（4・

デフレ　デフレーション。経済が停滞して持続的に物価が下がること。

Q
02
物価

日本のインフレ圧力はほかの主要国より鈍い

（前年同月比の消費者物価上昇率）

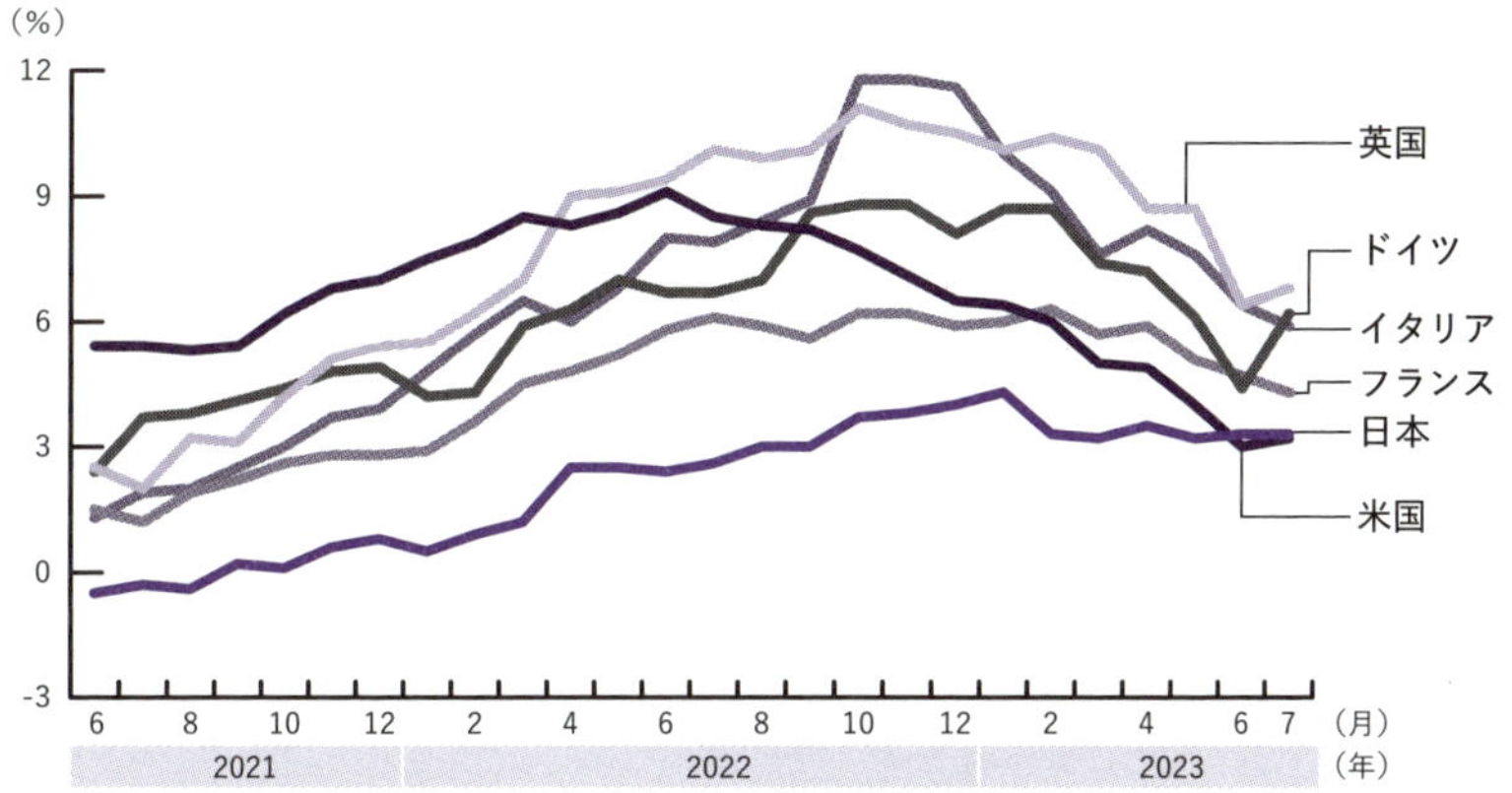

0％）以来、41年ぶりです。「値上げをすると顧客が離れるかもしれない」、そんな思いから企業が値上げをためらう状況が続いてきました。

海外から輸入する原材料の高騰をきっかけに食品などへの価格転嫁が相次ぎ、日本でも「適切な値上げは顧客の一定の理解も得られる」と考える経営者も増えています。消費者のなかにもコロナ禍の供給制約やウクライナ危機を受けた海外のインフレを見て日本でも物価が上がると思う人が増えています。

まだ政府はデフレ脱却を宣言していませんが、世界的なインフレが日本にも変化をもたらしつつあります。企業の賃上げも広がっています。この動きが継続すれば、岸田文雄政権が目指している物価と賃金が安定的に伸びる「好循環」に近づくことになります。

Q

03

賃金

賃上げはこの後続くのか。

A

人材確保を目的に賃金を上げる動きが広がっています。物価高による景気の減速が不安材料ですが、一定の賃上げは続きそうです。

コロナ禍回復の恩恵が影響

新型コロナウイルスの感染拡大に伴う行動制限が緩和され、2022年度は経済の回復とともに賃金が上がりやすい環境にありました。

厚生労働省が発表した22年度の毎月勤労統計の確報値によると、1人あたりの現金給与総額は月平均で32万6308円でした。21年度と比べると1・9%の増加です。これは1991年度以来の大きな伸び率でした。

内訳を見ると、基本給など「所定内給与」は24万8963円で、21年度から1・1%増えました。残業代などの「所定外給与」が1万8975円と21年度から4・1%増えたことから、22年度に給料が増えたのはコロナ禍からの景気回復の恩恵が大きかった、と考えることができます。

パートタイム労働者ら非正規雇用の動きからもコロナ禍からの回復を見て取れます。22年度のパートタイム労働者は1639万5000人で、21年度から2・7%増えました。コロナの感染拡大による行動制限が緩和されるのとともに雇用環境が良くなり、賃金にも追い風になったといえます。

では、賃上げは今後も続くのでしょうか。今後を大きく左右しそうなのが、日本が抱える人口減という構造問題です。

2022年度の賃金は大きく伸びた

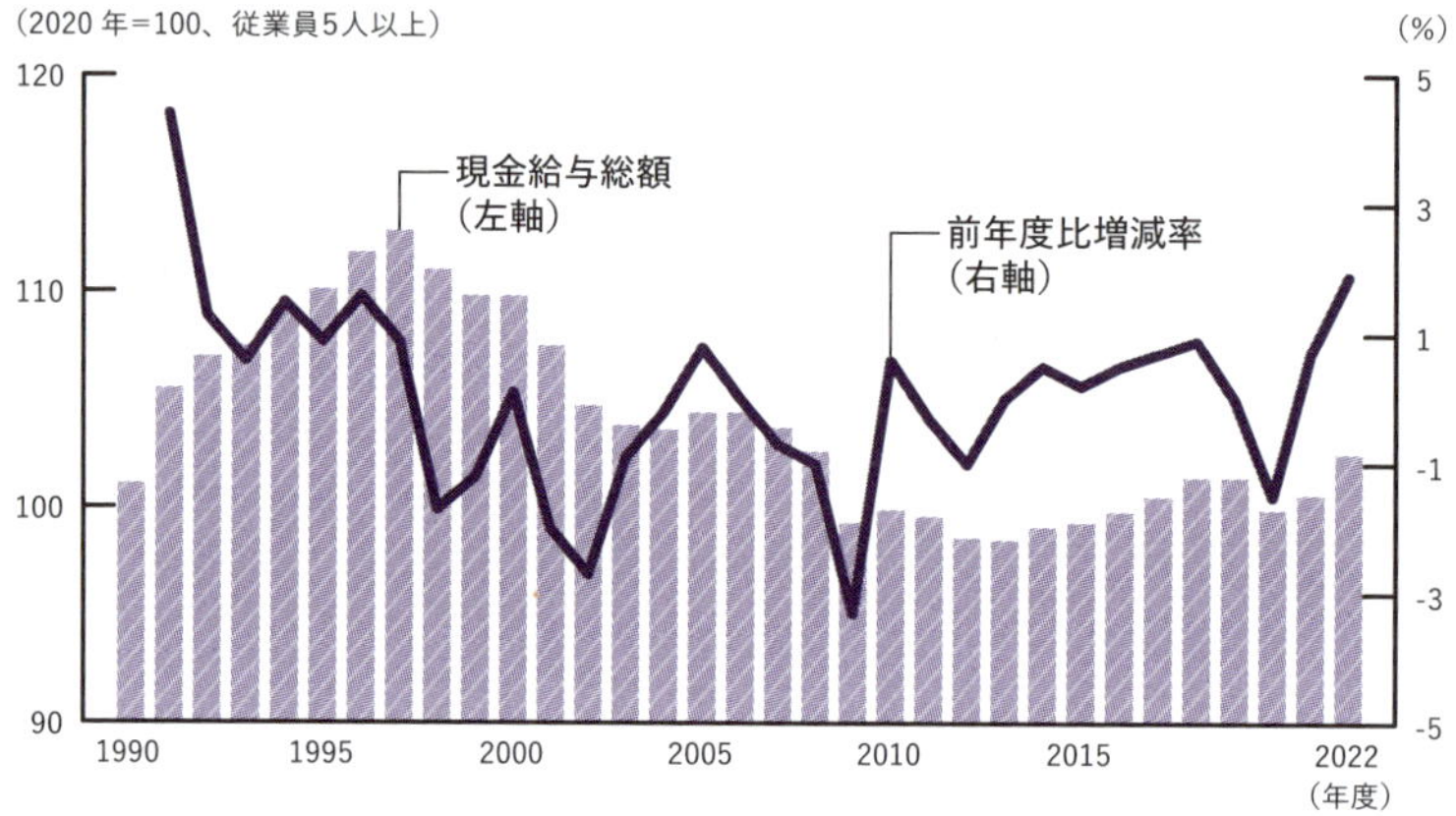

（出所）厚生労働省「毎月勤労統計調査」

「給料」は企業が従業員に支払う金額から、残業代や各種の手当などを差し引いた「基本給」のことを指します。一方、給料日に従業員が受け取る「給与」には基本給に加えて残業代や手当などが上乗せされています。

「給料が減った」「給料が増えた」と語る場合は、残業代などを考慮するかどうかで見方が変わってきます。いわゆる基本給の伸びは賃上げといえるのに対し、残業代などは景気の動きに影響されやすいためです。

これからの基本給に影響を与えうるのが、少子高齢化に伴う人手不足です。

日本の働き手は急速に減っていきます。国立社会保障・人口問題研究所が23年4月にまとめた将来推計人口によると、働き手の中心となる15～64歳の「生産年齢人口」は20年時点で7 5

09万人でした。

これが25年には7310万人と、わずか5年で約200万人減ります。32年には7000万人を割り込み、50年には5540万人と20年の4分の3程度になる見通しです。日本社会はあらゆる場面で人手不足が急速に強まるでしょう。

実際、コロナ禍に見舞われた20年と21年でも日本の完全失業率は2・8%と、少し上昇しただけで極めて低い水準にとどまりました。22年の失業率は2・6%に下がっています。失業を防ぐための公的支援の効果はありましたが、そもそも若い働き手が減っていることが背景にあります。

働き手が少ない状況では、企業は高い賃金を払わなければ人材を確保できません。これからは高い給料を払う企業に働き手が集まる傾向が強まると考えられます。

経営者も変化を求められています。企業から見ると給料は「人件費」となり、バブル経済の崩壊後はコスト削減の一環としてこれを抑える企業が目立ちました。

企業の人手不足に対する姿勢が賃上げのカギ

今の日本企業はコストカットではなく、より高い価値を生み出すことを求められています。米アップルや米メタなどが良い例です。世界のライバル企業は高い給料で優秀な人材を集め、収益を拡大して新たな事業に投資しています。こうした前向きな循環を支えるのは「人材」であり、

日本の働き手はどんどん減っていく

（15 ～ 64歳〈生産年齢人口〉の推移）

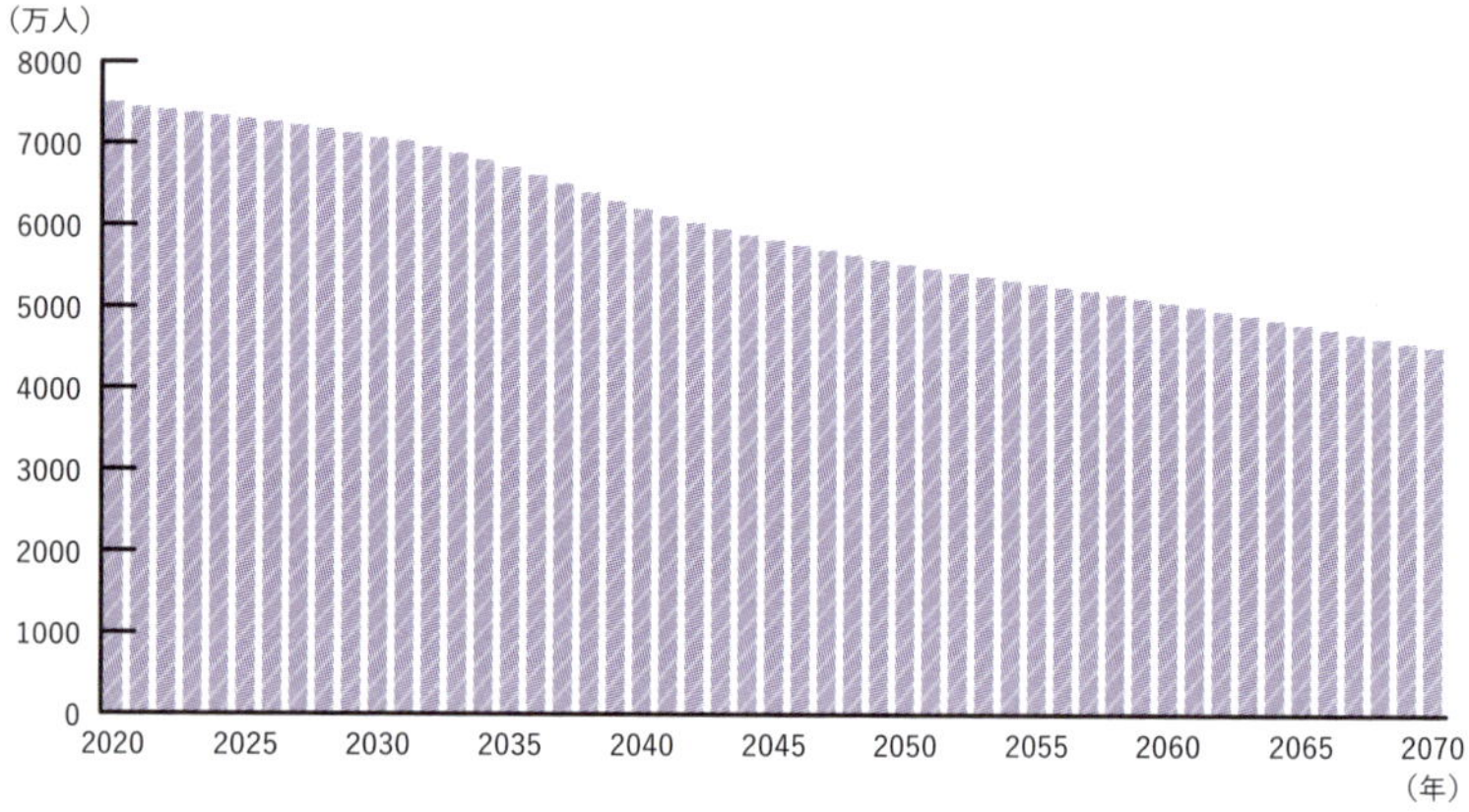

（出所）国立社会保障・人口問題研究所「日本の将来推計人口」

企業はこれを投資対象とする「人的資本」とみなす考え方が広がりつつあります。

もちろん、給料は景気と深い関係があります。ロシアによるウクライナ侵攻をきっかけに輸入する化石燃料が高騰し、企業が製品やサービスの値上げを続けています。物価の伸びに賃上げが追いつかず、購買力を示す実質賃金はマイナスが続いています。消費に逆風が吹けば景気が腰折れし、賃上げの勢いもそがれかねません。

しかし、中期的には「経営者が高い給料を払えるだけの経営戦略を描いているか」「働き手が高い給料を得られるだけのスキルを持っているか」がより注目されるでしょう。日本人の給料が上がるかどうかだけでなく、あなたの給料が上がっていくかどうか、が大切なのです。

Q

04

資 源

原油価格が高騰すると、どのような影響があるのか。

A

モノの価格が上がり、インフレを招きます。日本にとっては貿易赤字の拡大や円安の加速、世界経済にとっても景気の冷え込みにつながります。

原油価格の高騰で物価も上昇

まず、原油価格はどうやって決まっているのか、どういった用途で使われているのかを見ておきましょう。

原油は大昔に地球上に存在していた生物の死骸が長い年月をかけて変化してできた化石燃料です。地中深くから掘り出された原油は、各地域の市場で売り手と買い手が結びつけられます。

地域ごとに指標となる価格が決められており、北米であればWTI（ウエスト・テキサス・インターミディエート）として取引されます。欧州では北海ブレント原油、中東であればドバイ産やオマーン産といった原油の価格が基準となります。

WTIはニューヨーク・マーカンタイル取引所（NYMEX）、ブレントはICEフューチャーズという商品取引所に上場しており、価格は需給や投資家の売り買いによって日々変動します。例えば、産油国が原油の生産を減らしたり、工場や発電所での需要が増えたりすれば価格は上がります。逆に、生産量が増えたり、需要が減ったりすれば価格は下がる傾向があります。

原油は製油所で精製され様々な石油製品に加工されて使われます。自動車の動力源のガソリンやストーブに使う灯油、トラックの燃料となる軽油、工場ボイラーや船舶向けの重油といった燃料に加え、ペットボトルなどのプラスチック製品にもなります。

WTI（ウエスト・テキサス・インターミディエート） 米国の代表的な原油。原油先物としては世界で最も活発に取引されている。

Q 04 資源

原油価格と物価は連動する

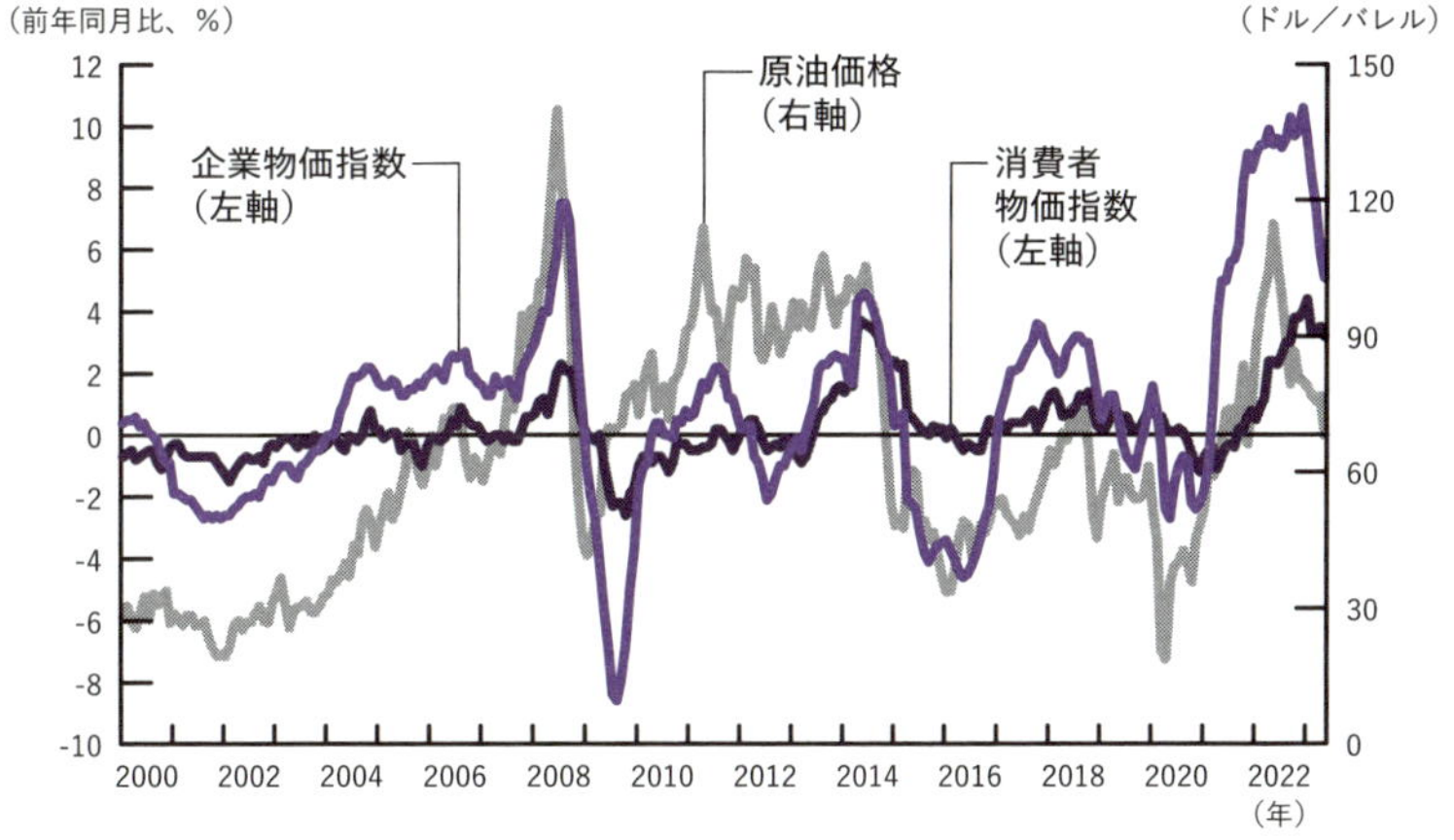

（出所）日銀、総務省

では、原油価格が上がるとどのような影響があるのでしょうか。

これまで見てきたとおり、**原油は様々な用途に加工されて幅広く使われているため、価格が上がると私たちの生活や経済に広い影響を及ぼします。**

２０２２年２月のロシアのウクライナ侵攻を受けて原油価格は急騰しました。ＷＴＩは一時１バレル１３０ドルを超え、過去最高値だった08年以来の高値をつけました。米国のガソリン小売価格も22年６月に初めて１ガロン５ドルを超えました。モノをつくったり運んだりするコストが上がり、米国の消費者物価指数（ＣＰＩ）は同じころに前の年から９・１％上昇と１９８１年以来の高い伸び率となりました。

米連邦準備理事会（ＦＲＢ）はインフレを抑

えるために、利上げを加速してきました。22年初めには0～0・25％だった政策金利は23年7月に5・25％～5・50％まで上昇しました。急速な利上げは景気を冷やしかねません。

日本でも、企業間で取引する商品の価格を示す企業物価指数は22年度に前の年度から9・3％上昇し、CPIも同3・0％上がりました。いずれも第2次石油危機直後にあたる1981年度以来で最も高い伸び率です。石油・石炭製品から鉄鋼や非鉄金属、紙・パルプに至るまで幅広い業種で価格転嫁が行われ、物価上昇を引き起こしています。

▼今後の原油価格は需要と供給がカギ

日本は原油のほぼ100％を輸入に頼っていることから、貿易収支の悪化にもつながっています。輸出から輸入を差し引いた貿易収支は22年度に18兆円超と過去最大の赤字になりました。原油だけではなく、原油価格に連動して決まる液化天然ガス（LNG）価格も高騰したことが大きく影響しました。貿易赤字が多いと、円安にもつながります。国際的な決済ではドルの支払いが中心ですが、輸入代金を支払うためには手持ちの円を売ってドルに替える必要があるためです。

では、今後の原油価格はどうなるのでしょうか。

23年に入ると原油価格はいくぶん落ち着きを取り戻しましたが、7月時点でWTIは70～80ドル程度と、コロナ禍前の50～60ドルに比べてまだ高い水準にあります。

液化天然ガス（LNG） 天然ガスをマイナス162度に冷却して液体にしたもの。液化すると体積が気体の600分の1になる特性を持つため輸送・貯蔵に適しており、専用の船で一度に大量に運べる。

世界の石油需給は逼迫する見通し

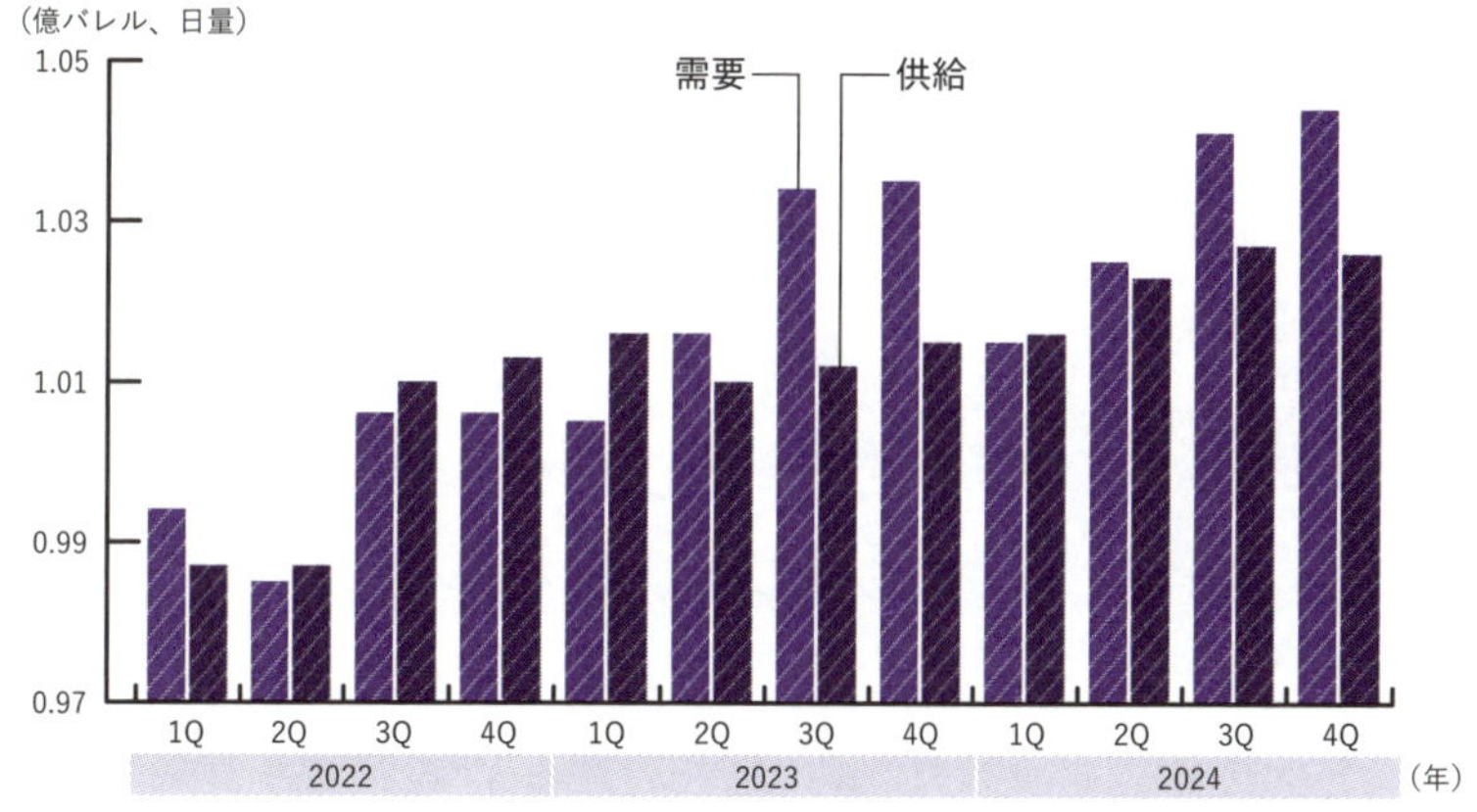

(出所) IEA

産油国の国際的な枠組み「OPECプラス」は23年5月から24年末まで、世界需要の1％にあたる日量116万バレルの減産を実施しています。

国際エネルギー機関（IEA）は、24年の世界の石油需要が過去最高になる一方、供給が追いつかず供給不足となるという見通しを出しています。専門家からは、世界的な脱炭素の潮流で、化石燃料への上流投資がしにくくなっているという構造的な要因も指摘されています。

22年のように極端に価格が上昇する可能性は低いものの、今後じわじわと上昇していきそうです。

OPECプラス　主要産油国が石油の供給量を協力して調整し、石油価格の安定を目指す枠組み。石油輸出国機構（OPEC）加盟国と、ロシアなど非加盟国の10カ国、計23カ国が参加。世界の石油生産の5割を占める。

Q

05

コロナと経済

新型コロナウイルスの大流行が収まり、日本経済はどのように回復してきたのか。

A

2022年10月の水際対策緩和で訪日客数が増え、日本国内でも自粛ムードが次第に和らぎ、外食や旅行消費が急回復しています。

22年から回復傾向、個人消費はプラス基調に

新型コロナウイルスの感染拡大を防ぐため、政府が２０２０年４月に緊急事態宣言を出しました。その前後あたりから日本経済にも影響が及び始め、特に個人の消費は大きく落ち込みました。ナウキャスト（東京・千代田）とＪＣＢがクレジットカードの決済額をもとに算出したＪＣＢ消費ＮＯＷによると、20年３月上旬に消費額がコロナ禍前の16～18年の同時期の平均と比べて３・４％減とマイナスに転じました。20年４月下旬に19・３％減と底を打った後は、コロナ感染拡大の第５波が収まった21年10月上旬までほぼマイナスで推移しました。

なかでも影響が大きかったのが旅行や外食といった外出に関連した消費でした。旅行は20年４月下旬に96・４％減まで急激な落ち込みを見せ、外食も同時期に70・７％減まで下がりました。その後、旅行と外食は深く長い低迷の時期を送ることになりました。

感染が拡大するたびに、政府から緊急事態宣言が発出され、店舗営業などにも制限がかかりました。外出の自粛要請もあり、旅行や外食と縁遠い生活を送る人が多くなりました。

その雰囲気が変わり始めたのが、第７波が収まり始めた22年秋ごろでした。**外食が同年９月下旬に０・９％増と、20年２月下旬以来のプラスにようやく転じ**、政府は一つの大きな方針転換を打ち出しました。

カード決済で見た個人消費

（コロナ禍前の2016～18年の同時期平均との増減率）

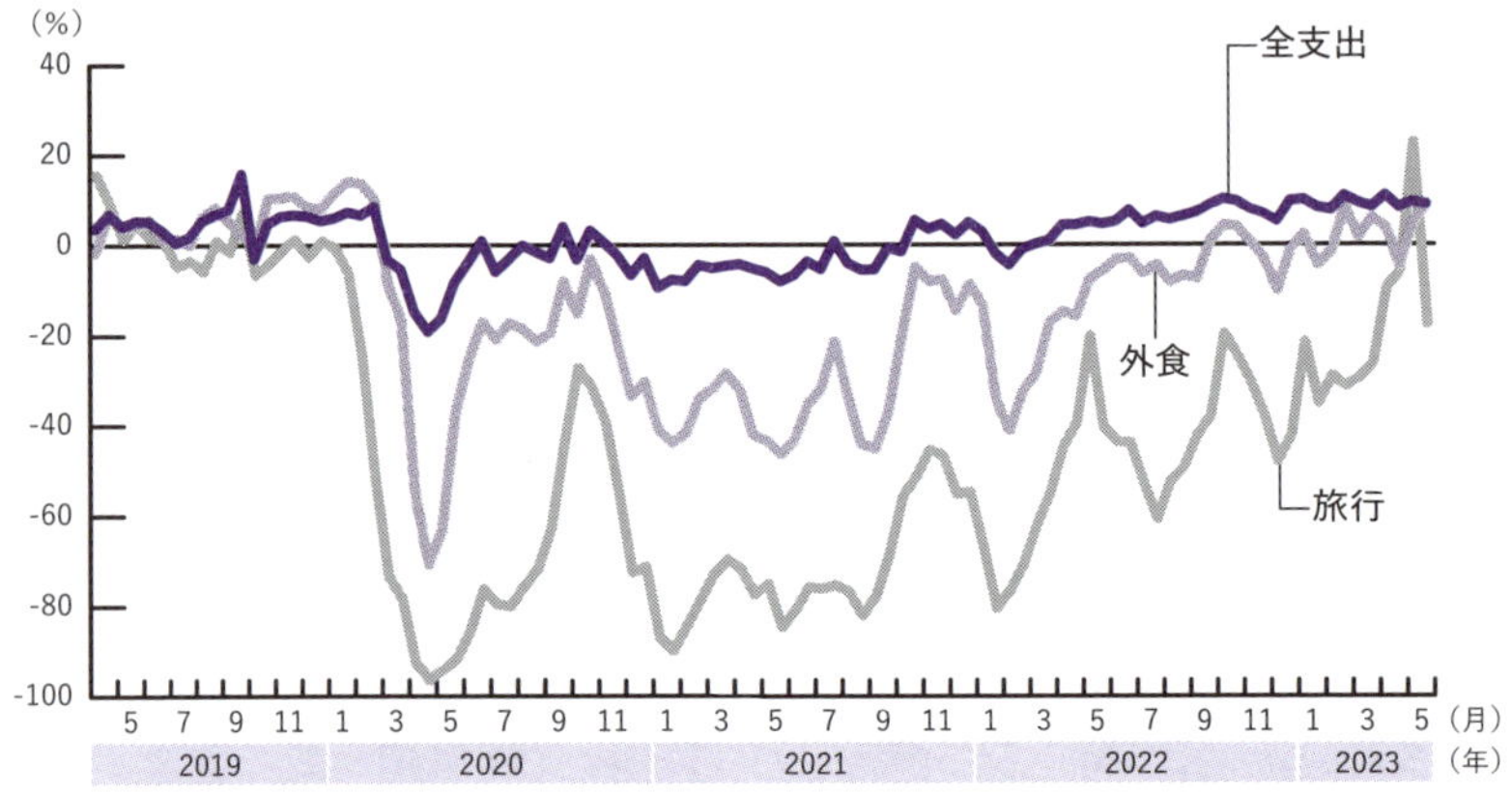

（注）JCB消費NOWより作成

22年10月に政府はコロナ感染の拡大防止策の一つとして長くとり続けてきた水際対策を緩和しました。空港での入国時検査を原則として撤廃し、1日あたりの入国者数の上限もなくしました。査証（ビザ）なしでの短期滞在や個人旅行も再開しました。

街なかで外国人の姿を目にすることが多くなり、外食などの店舗もにぎわいを取り戻し始めたことで日本国内に住む人たちの自粛ムードも和らいでいきました。政府の政策変更が人々の気持ちを変えていったといえます。

5類移行でインバウンド熱を後押し

インバウンド（訪日外国人客）はデータ上も目に見えて回復していきました。**日本政府観光**

局（JNTO）によると、22年10月に前月比で2倍超の49万8000人に急増すると、その2カ月後の12月には137万人と20年2月以来の100万人の大台突破を果たしました。

インバウンドを巡っては23年4月に中国を対象にした水際措置を緩めました。中国本土発のクルーズ船も翌5月から日本に再び寄港し始め、小売や旅行などに関連する業者を中心に、中国客の今後の盛り上がりに期待する声が上がっています。

政府は25年までに訪日客数の年間最多更新を目標に掲げています。これまでの過去最多は19年の3188万人です。都市部に限らず、地方を含めて受け入れ側の体制づくりが重要になってきます。一方で、地域住民を悩ます観光公害（オーバーツーリズム）などへの対処は欠かせません。

国内での個人消費に話を戻すと、旅行はこの間もマイナス圏からなかなか浮上してきませんでした。22年夏に久しぶりに外出制限のない夏休みを迎え、同時に円安によって旅行需要が国内に向かったことから、改善の動きは少しずつ出ていました。

23年3月には政府は新型コロナ対策として呼びかけてきたマスクの着用を個人の判断に委ねることにして、経済活動の正常化を強く推し進める方向にカジを切りました。

状況をさらに変えたのが、同年5月の新型コロナの感染症法上の位置づけ変更でした。政府は同法上の分類を5月8日に季節性インフルエンザと同じ「5類」に移行させました。

イベントの収容規制を緩めたり、感染者や濃厚接触者に求めていた自宅待機をなくしたりしま

Q 05 コロナと経済

観光公害（オーバーツーリズム） 観光地に受け入れ限度を超える観光客が押し寄せること。自動車の渋滞やごみの放置、騒音、トイレの不足、自然破壊などが具体例で、持続可能な観光を目指すため観光客の分散などが模索されている。

訪日客数の月別推移

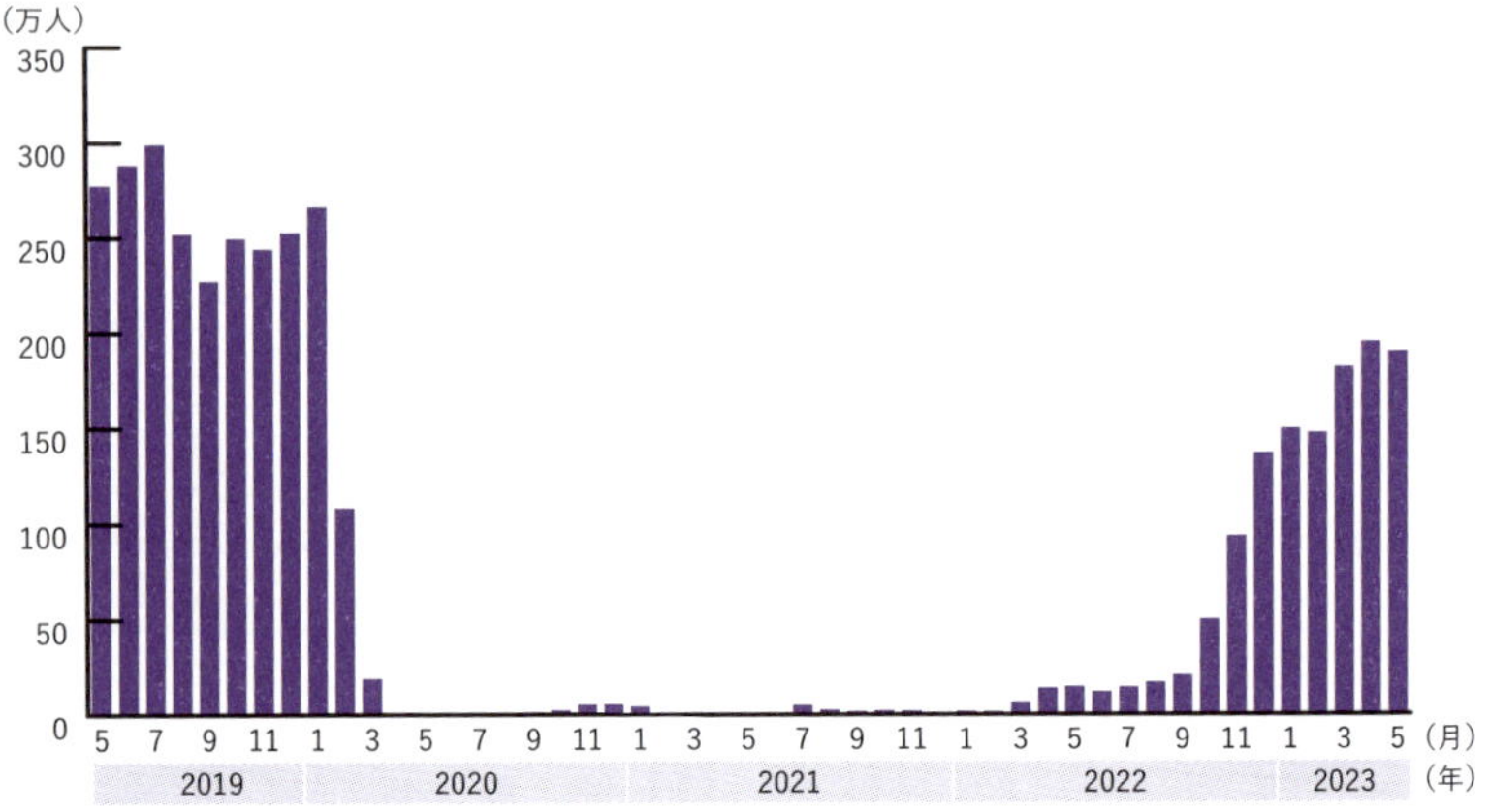

（出所）日本政府観光局（JNTO）

した。新型コロナの療養期間については、発症翌日から5日間との目安を示しています。

ＪＣＢ消費ＮＯＷを通じて見た旅行消費は23年5月上旬にようやくプラス圏に浮上しました。コロナ禍前の16～18年の同時期の平均と比べて22・8％増となり、19年12月下旬以来のプラス転換となりました。

コロナ禍を経て日本経済は物価上昇という新たな課題に向き合うことになりました。個人消費の盛り上がりを支えるのは物価高に負けない賃上げだといえます。地方の中小企業も含めて企業側の動向がカギを握っています。

Q

06

雇　用

日本での失業や倒産はどう変化したのか。

A

新型コロナウイルス禍から経済活動が回復するのに伴って雇用環境は改善しました。一方で物価高や人手不足で倒産件数は増えるなど、新たな課題も出ています。

倒産件数は歴史的低水準も、増加幅は高水準

2022年度は新型コロナウイルスの流行による行動制限の緩和が進みました。飲食店などサービス業では客足が戻る明るい材料となった半面、物価高や十分な労働力を確保できないといった理由で経営が行き詰まるケースが相次ぎました。

民間の信用調査会社、帝国データバンクによると、22年度の全国の企業倒産件数は前年度比14・9%増の6799件となり、3年ぶりの増加に転じました。08年のリーマン・ショックの後、世界経済が急激に悪化した影響で1万件を超えていた時期に比べると、歴史的な低水準が続いているといえます。

ただ、倒産件数の増加幅はリーマン・ショック以来の高水準を記録しました。負債総額を見ても2兆3385億円で5年ぶりに2兆円台まで悪化するなど、企業経営を取り巻く環境に変化が生じているのは明らかです。

企業を苦しめた要因の一つが物価高です。ロシアのウクライナ侵攻や供給制約によって原材料やエネルギーの価格が高騰し、経営を圧迫しました。22年度の物価高を理由にした倒産件数は463件で前年度比3・4倍に跳ね上がり、製造業や建設業の倒産が目立ちました。

こうした状況で労働力不足が経営難に拍車をかけました。コロナ禍から平時に移行する過程で

倒産件数は３年ぶりに増加した

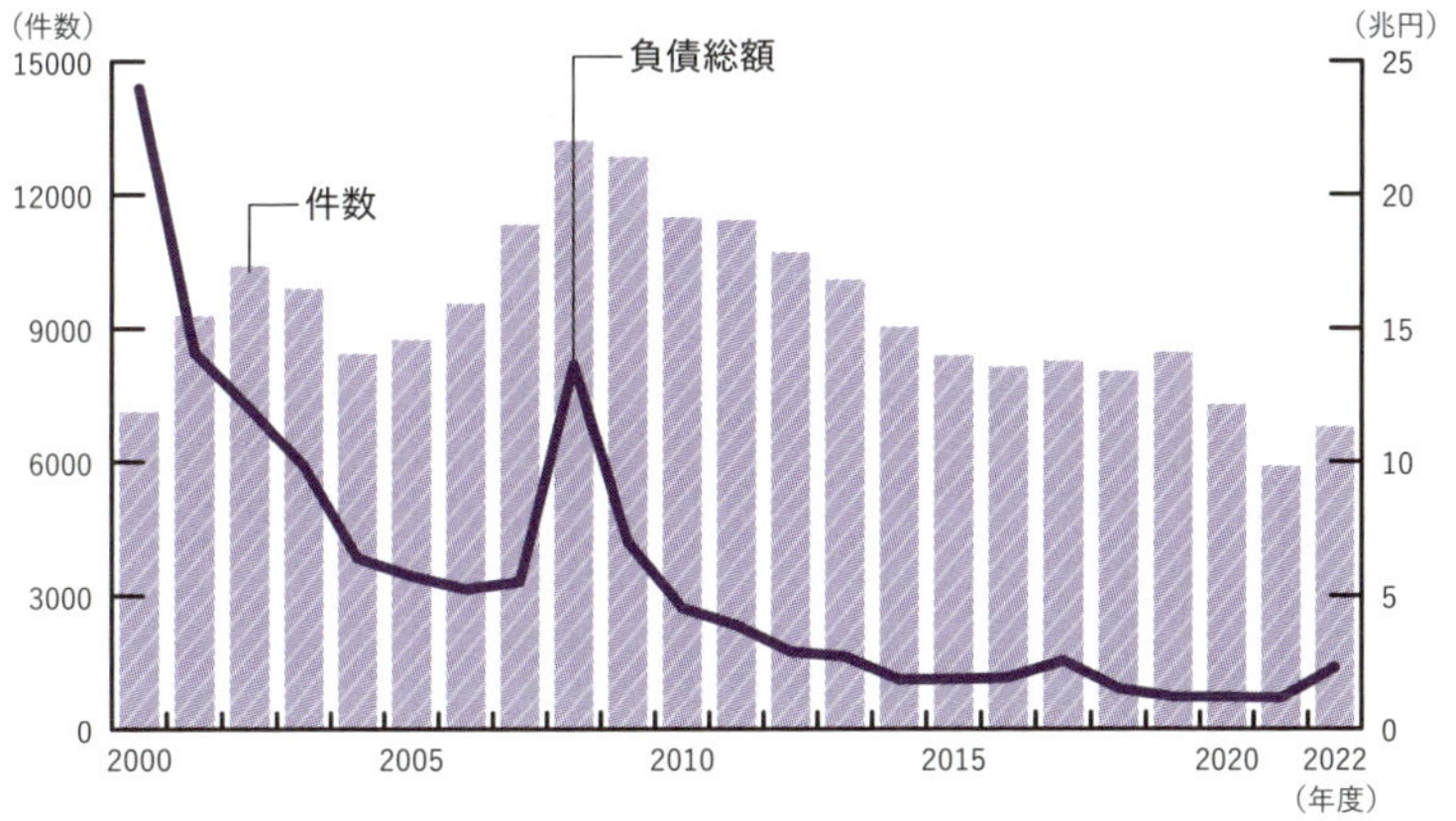

（出所）帝国データバンク

Q 06
雇用

外出する消費者が増えれば、飲食店やホテル・旅館などにとって追い風になります。しかし増える需要を賄うだけの人手を確保できないと収益増につながりません。

人を雇うための競争が激しくなるにつれて賃金水準も上がり、経営コストが重くのしかかります。22年度の人手不足倒産は１４６件で23・7％増となりました。運輸業は労働時間規制の強化で運転手が足りなくなる「２０２４年問題」もあって、先行きが厳しい状況が続きます。

コロナ禍の影響は依然として残っています。東京商工リサーチの調査では22年度の企業倒産件数は６８８０件で前年度に比べて15％膨らみました。このうち資金繰り難などコロナ関連の倒産は46・４％増の２６０２件となり、全体の37・８％を占めました。

2024年問題　2024年4月からトラック運転手の時間外労働に上限が課せられることで輸送能力が縮小する懸念があること。

これまでは政府が「ゼロゼロ融資」と呼ばれる実質無利子・無担保の貸出で企業の資金繰りを積極的に支えてきました。こうした支援が倒産の急増を抑えてきた面があります。支援を受けた企業のなかには過剰な債務を抱えているケースもあり、返済が本格化するにつれてもともと収益力の低い中小企業を中心に問題が表面化しています。

求人増加で雇用や失業率も改善の兆し

経済活動の再開が進むにつれて雇用環境は明るい兆しが出てきました。厚生労働省によると、22年平均の有効求人倍率は1・28倍と前年を0・15ポイント上回りました。前年より高くなるのは4年ぶりです。

有効求人倍率は全国のハローワークで1人あたり何件の求人があるかを示します。コロナ前の19年の1・6倍から20年は1・18倍と落ち込み、21年も1・13倍と低水準が続いていました。消費行動が活発になることで新規求人も足元で増える傾向にあります。

雇用改善の動きは失業率の低下にも反映されています。総務省の「労働力調査」では、22年平均の完全失業者数は179万人で前年比16万人減りました。就業者数は6723万人で10万人増加。完全失業率は2・6%で0・2ポイント下がりました。

ここでも政府の支援策があったことは無視できません。コロナ対策で特例を設けた雇用調整助

雇用調整助成金制度　企業が従業員に払う休業手当の費用を補助する制度。仕事が減っても働き手を解雇せず、雇用を維持してもらう狙いがある。

失業率は低水準にある

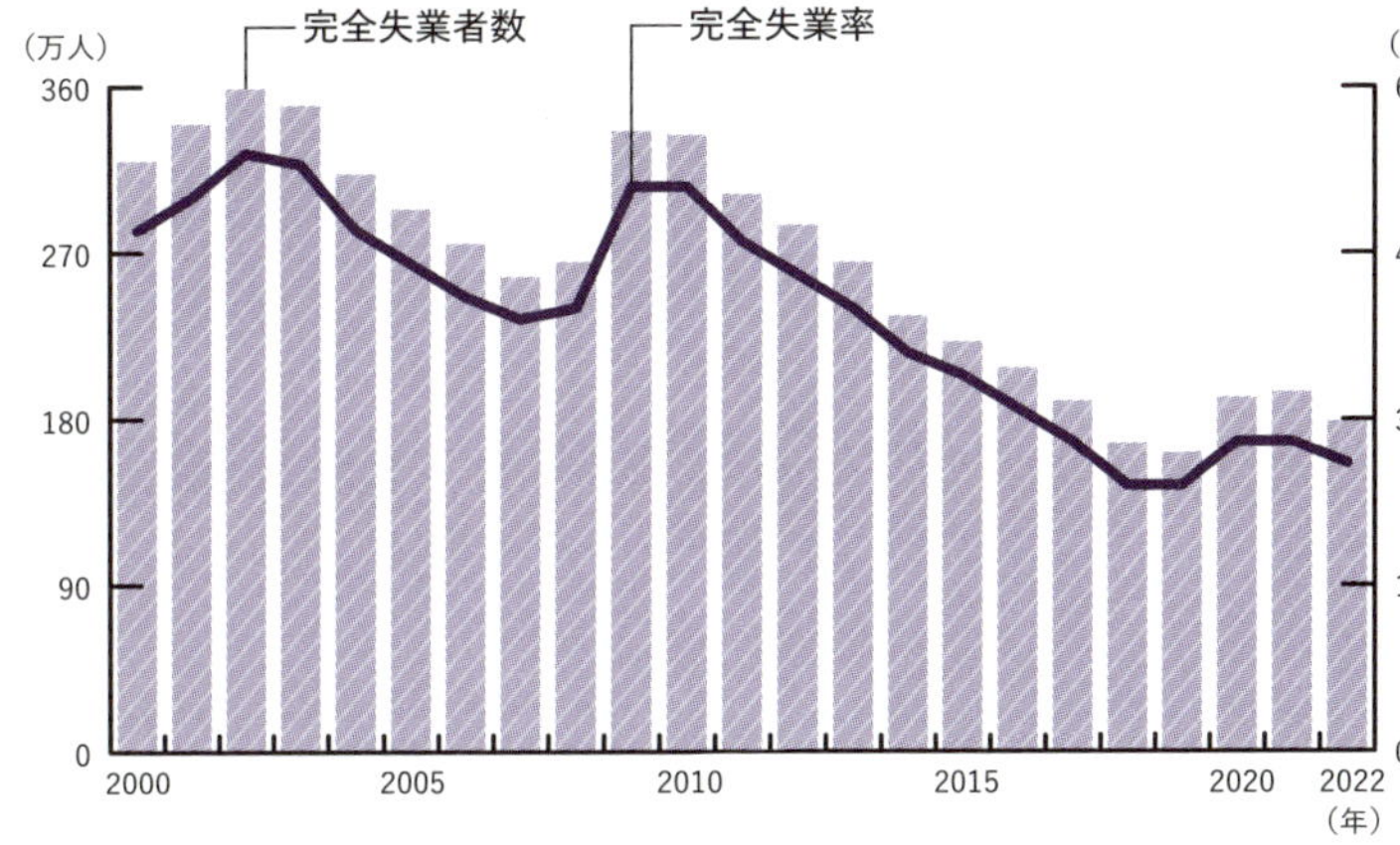

(出所) 総務省「労働力調査」

成金制度は、企業が従業員に払う休業手当を公費で賄ってきました。失業率はコロナ下でも３%を下回り、失業者の急増に歯止めをかける効果がありました。しかし業績の悪化した企業が雇調金をもとに社員を抱え込み、人材の移動を阻んだとの指摘もあります。

政府は23年５月にまとめた労働市場改革に向けた指針で、リスキリング（学び直し）や職務給（ジョブ型）の導入、労働移動の円滑化を一体的に進めると打ち出しました。新たな知識や経験を積んだ人材が成長分野に転職してより高い賃金を得ることができれば、経済全体の成長にもつながります。

アフターコロナに向けて終身雇用や年功序列といった雇用システムを改め、開かれた労働市場をつくれるかも問われています。

Q 06

雇用

リスキリング（学び直し）　企業が従業員らに仕事上の新たなスキル・技術を習得させることのほか、個人が新しい職についたり職域の幅を広げる際に必要な知識や技術を自ら学び直すこと。

Q

07

行動様式

新型コロナの5類移行に伴う行動緩和によって新たな問題となっていることは何か。

A

マスク着用が個人の判断に委ねられ、行動制限はほぼなくなりました。第９波、第10波の懸念が残るのに加え、ほかの感染症への警戒は必要です。

コロナ対応は平時に移行、マスクも任意に

2020年春から続いた新型コロナウイルス対策は23年5月8日に新型コロナの感染症法上の位置づけが5類に移行し、大きな節目を越えました。インフルエンザなどと同じ分類に引き下げられ、緊急事態宣言やまん延防止等重点措置の法的根拠となってきた新型インフルエンザ等特別措置法の対象ではなくなりました。

飲食店が時短営業したり、大規模イベントが中止になったり、都道府県境をまたぐ移動の自粛が要請されたり、といった暮らしへの様々な制約もほとんどなくなりました。

感染症による健康被害だけでなく、社会・経済活動にも大きな混乱をもたらしたことを災害になぞらえ、「コロナ禍」という呼称が定着しました。そのコロナ禍が「ついに終わった」との受け止めが広がっています。

象徴がマスク着用を巡るルールの見直しでしょう。5類移行に先立つ3月13日から室内も含め、原則、着用するかどうかは個人の判断を尊重することになりました。

病院や高齢者施設といった配慮が必要な場所で引き続き着用を要請するケースは残っているものの、屋外を歩く人のマスク着用率は目に見えて低下しました。イベントやスポーツ観戦といったレジャーシーンでもマスク着用を求めないケースが多いようです。

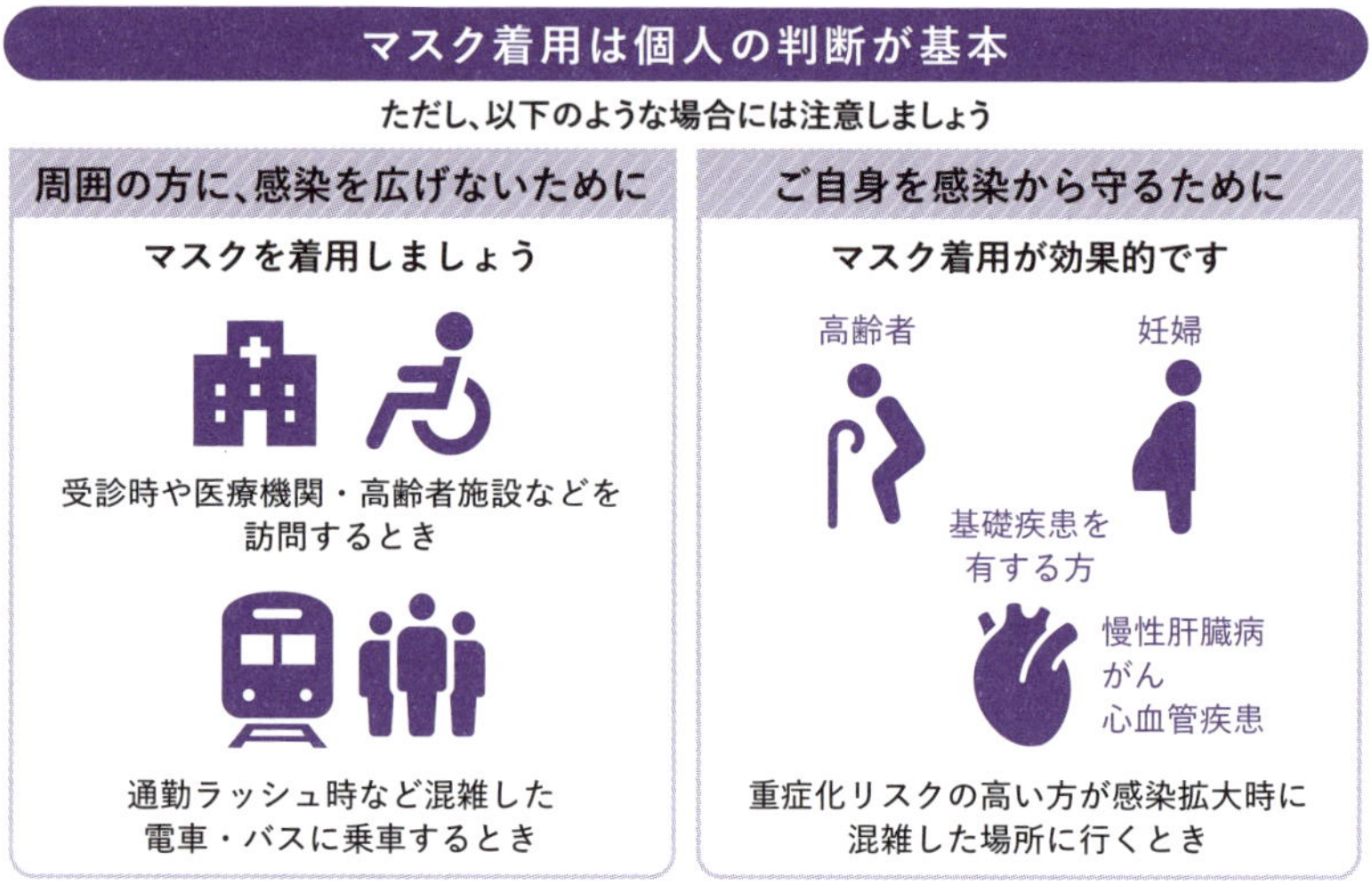

（出所）厚生労働省

マスク着用はあくまでも任意です。新型コロナ対策以外にも花粉症などほかの疾患を理由に着用が必要な人もいます。着用ルールの変更で混乱やトラブルも懸念されていましたが、杞憂《きゆう》だったように見えます。

免疫や経済で多くの影響が残る

それでも多くの〝後遺症〟が残っています。

一つは子どもを中心に新型コロナ以外の感染症が大流行していることです。小児医療の現場では患者が殺到し、「午前の診察枠が朝の予約開始直後に埋まってしまう」といった悲鳴がSNSに投稿されています。小児病床が不足している地域もあります。

コロナ禍の3年間、マスク着用やアルコールによる手指消毒、手洗いといった感染症対策を多くの人が徹底しました。その結果、新型コロナ以外のインフルエンザなどの風邪症状を起こす感染症は下火の状態が続いていました。

RSウイルスやヘルパンギーナといった子どもがよくかかる病気への免疫が不十分な状態で、一気に感染症対策が緩んだために、爆発的な感染拡大が起きていると見られています。秋・冬の風邪シーズンにはさらなる流行や混乱が起きるかもしれません。

経済に与えた影響もなお深刻です。**コロナ禍で大きな打撃を受けた飲食店や宿泊業では需要の回復にスタッフの確保が追いつかない状態が続いています。**

空港などでの水際対策も緩和し、海外からの訪日外国人客（インバウンド）が戻ってきました。円安が進んだことも追い風となっています。久しぶりの商機なのに人手不足で予約を断るホテルなどが出ています。せっかくのコロナ後の経済回復の勢いがそがれる懸念があります。

コロナ対策は決して終わったわけではありません。23年夏にかけて沖縄県などで再流行による医療逼迫が起きました。

５類移行に伴い、感染者を全員数える全数把握はとりやめになりました。定点医療機関から報告を求め、１週間に１回、流行状況を発表する方法に変わり、日々のニュースで感染者数が報じられることが少なくなった結果、流行への警戒も緩んでしまったとの指摘があります。

新型コロナ感染者の報告数

（定点あたり）

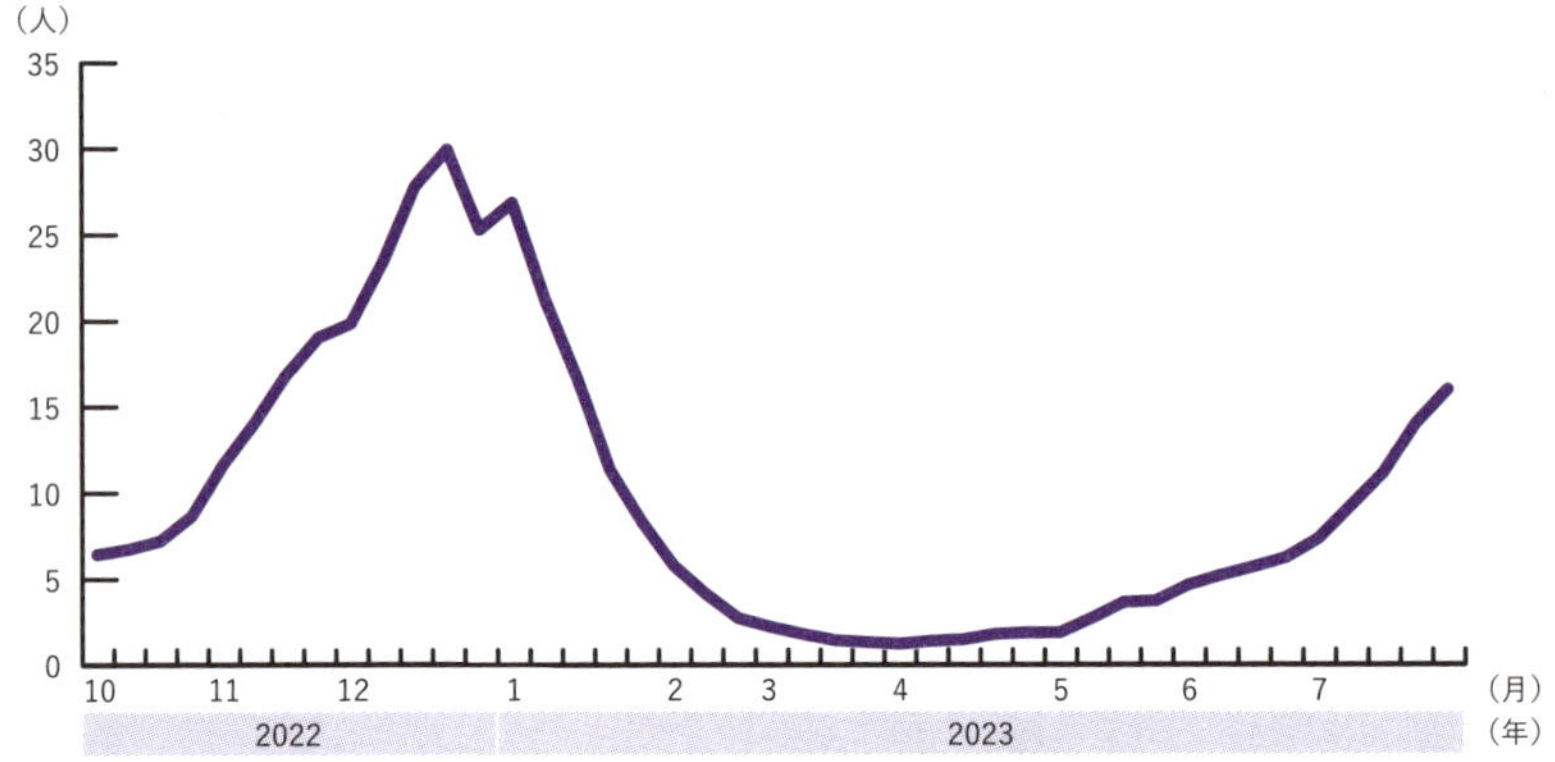

（注）2023年5月7日以前は参考値
（出所）厚生労働省

政府は23年秋以降、多くの人を対象に再び新型コロナワクチンの追加接種を呼びかける予定です。変異ウイルスや派生型に対応したワクチンを接種することで重症化を防ぎ、流行の影響を抑える効果が期待されています。

インフルエンザなどほかの感染症のワクチンを打つことも備えになります。

緊急事態宣言のような強権的な行動制限がなくなった分、社会や個人の心構えで流行を乗り越えていく知恵が問われます。

感染症対策と社会・経済活動を両立する「ウィズコロナ」を実現できるかどうかは、実はこれから正念場を迎えるのです。

第2章

企業と業界を知る

Q

08

先端技術

生成人工知能（AI）を使う際の注意点はあるのか。

A

AIは誤情報を生成することがあるため、内容を精査することが求められます。機密情報の入力にも配慮が必要です。

業務効率化への期待と信ぴょう性への懸念

2022年11月、米新興企業のオープンＡＩが、質問に対して巧みに回答する対話型ＡＩ「ＣｈａｔＧＰＴ（チャット）ＧＰＴ」を一般公開しました。人間と話しているかのような高い言語能力が話題となって急速に普及し、利用者は公開後2カ月で1億人に達しました。23年に入ってからも米グーグルなどの大手テック企業が同様の対話型ＡＩを公開し、世界的なブームとなりました。これらのＡＩは日本語にも対応しており、国内でも手軽に使える環境となっています。

対話型を含む言語に関するＡＩは、文章作成や要約、翻訳などで様々な業種の業務効率化に関わることが期待されています。ただ、ＡＩの回答は必ずしも正しいとは限りません。このため、コールセンターでの顧客の応対や新商品を発売する際の商品説明文の作成をＡＩだけに任せるのはリスクがあります。また、ＡＩが生成した誤った文章をうのみにして、そのままＳＮＳに掲載したら、意図していなくても誤情報を拡散してしまいます。ＡＩを使う際には、その内容が正しいかどうかを人間が確かめることが重要です。

対話型ＡＩは多くの用途に対応できるため、様々な内容を質問として入力しがちです。ただ、入力した情報が対話型ＡＩに学ばせるデータとして使われることで、別の利用者らに流出するリスクがあります。例えば、要約や翻訳をするために会議の議事録をＡＩに入力すると、会議の内

教育現場における生成AIへの対応

活用例	不適切な利用例
教師が誤りを含む生成AIの回答を教材として使い、性質や限界を学ぶ	生成AIの性質を十分に学習する前に自由に使う
アイデアを出す活動の途中段階で足りない視点を見つける	コンクールやリポートで、自分の成果物としてそのまま提出
英会話の相手にしたり、英語表現を改善したりする	詩や俳句の創作などで、最初から安易に使う
高度なプログラミングを行う	定期試験や小テストなどで使う

（注）文科省の生成AIの利用に関するガイドラインより作成

容が漏れかねません。AIを提供する企業が、入力したデータをAIの学習に使わないといった対策をとっていることもありますが、業務で機密情報や個人情報を扱う場合は特に慎重な対応が求められます。

生成AIの活用方法が喫緊の課題となっているのが教育の現場です。例えば、作文に生成AIを用いて自身の成果物とするのは、文章作成スキル習得の機会を失うことでもあります。

文部科学省は23年7月、小中高校での生成AIの活用に向けた指針を公表しました。詩や俳句の創作活動で最初から安易に使うことや、作文や小論文のコンクールでAIの成果物をそのまま使用するのは「不適切な利用」として例示しました。一方、使い方次第では思考力や創造性を伸ばせるメリットがあるため、英会話の相

Q
08
先端技術

手にしたり、英語の表現を改善したりするといった限定的な活用は考えられるとしました。

悪用でネット空間の脅威に

生成AIのなかには、文章をもとに精巧な画像をつくり出すものもあります。海外のスタートアップが「ミッドジャーニー」や「ステーブル・ディフュージョン」といった画像作成AIを相次ぎ公開し、一般の人も手軽にアート画像をつくれるようになりました。

AIがつくり出した画像が人気キャラクターやロゴなどの既存の画像と酷似すると、著作権侵害に該当するケースも考えられます。既存の画像を知っていたとみなされれば、作品の販売・配信の停止を求められたり、損害賠償を請求されたりする可能性もあります。

自分では生成AIを使っていない場合でも、他人が悪用すれば、ネット空間の脅威となります。AIで映像や音声を精巧に偽造する「ディープフェイク」は急速に精度が上がっており、人の目での判別はほぼ不可能となっています。22年にはウクライナのゼレンスキー大統領が実際には発表していない声明を読み上げる偽動画がフェイスブックなどで公開され、問題が顕在化しました。選挙で相手候補をおとしめる映像がつくられ、有権者に真実として受け止められれば、投票行動に影響する可能性が指摘されています。

イタリア当局が、データ利用の扱いを問題視してチャットGPTの国内利用を一時禁止するな

AI戦略会議がまとめたAIの7つのリスク

機密情報の漏洩や個人情報の不適切な利用
犯罪への悪用
偽情報がつくりやすくなる
サイバー攻撃の巧妙化
教育現場での不適切利用
著作権侵害
失業者の増加

ど、各国は活用と規制のバランスを探っています。欧州連合（EU）の欧州議会は23年6月、世界初の包括的なAI規制案を採択し、生成AIを提供する企業に透明性の担保を要求する方針を示しました。

日本は同年5月にAIの活用方針を話し合う「AI戦略会議」で、議論の具体化に向けた論点整理文書をまとめました。AIの具体的なリスクとして（1）機密情報漏洩《ろうえい》や個人情報の不適切利用、（2）犯罪への悪用、（3）偽情報がつくりやすくなる、（4）サイバー攻撃の巧妙化、（5）教育現場での不適切利用、（6）著作権侵害、（7）失業者の増加——の7つを例示しました。リスクを回避しつつ、適切に活用していくことが求められています。

Q

09

ベンチャー

スタートアップへの成長投資はどう変化しているのか。

A

中長期ではスタートアップに資金流入が進む見込みですが、現在は世界的金融引き締めで減速しており一部の企業に資金が集中しています。

世界全体では投資額は減少傾向

スタートアップ投資は2021年の年末をピークとして減少傾向が続いています。国際会計事務所のKPMGによると、23年1~3月の世界のベンチャーキャピタル（VC）による投資額の合計は573億ドルと、前年同期と比べて3分の1となりました。**世界的な金融引き締めやロシアのウクライナ侵攻を背景にリスクマネーは縮小しており、投資家は慎重姿勢を強めています。**

23年前半は欧米市場で金融不安がくすぶりました。3月以降には米国でテクノロジー企業への融資で知られるシリコンバレー銀行など有力地銀が相次いで経営破綻しました。さらに経営危機に陥ったスイス金融大手のクレディ・スイス・グループが同業のUBSに救済買収されました。

スタートアップは短期間での顧客獲得を優先してサービスの開発や広告宣伝費などに多額の先行投資を実施する傾向にあり、コスト負担により営業赤字を計上することが多いです。金融環境の逆風が続くなかで投資家はリスク資金の投下先を絞っており、スタートアップ投資の出口となる新規株式公開（IPO）による資金調達額も1~3月は前年比38％減の247億ドルにとどまりました。

国内でも新興企業への評価は厳しくなっています。一般財団法人ベンチャーエンタープライズセンター（東京・千代田）の集計によると、**VCや事業会社が投資するコーポレートベンチャー**

ベンチャーキャピタル（VC）　投資家から集めた資金を使ってベンチャー企業に投資する専門企業。株式未公開の段階から出資し、将来ベンチャーが新規株式公開（IPO）を果たす際に資金を回収する。

世界のベンチャーキャピタルによる投資額は減少

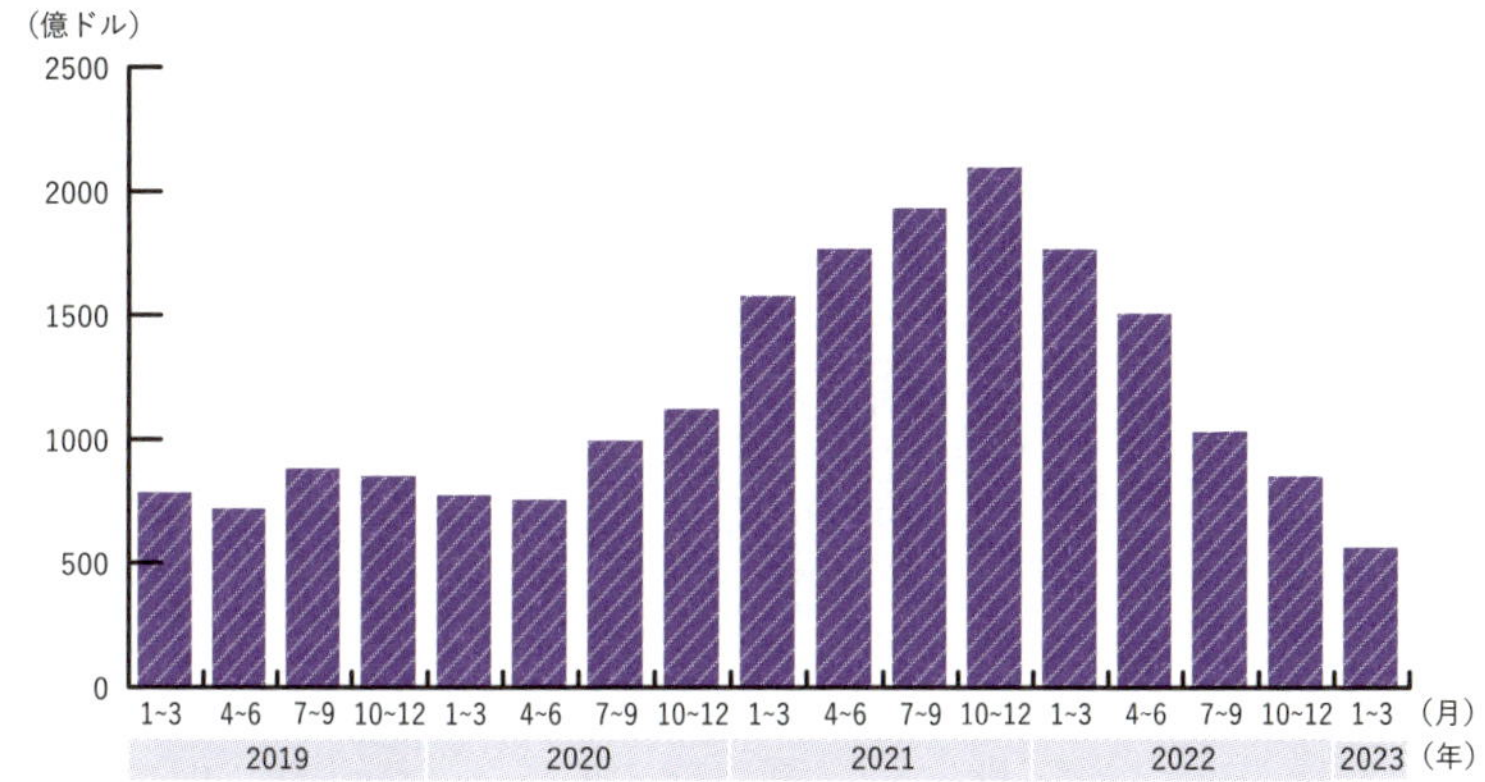

（注）データ提供はPitchBook
（出所）KPMG「Venture Pulse」

キャピタル（ＣＶＣ）による国内スタートアップへの投資額は1～3月に前年同期比20％減の634億6000万円となりました。投資件数は396件で41件減りました。

国内スタートアップでは巨額の増資も

それでも一部の企業は大型の資金調達を実現しています。新興企業支援のフォースタートアップスがまとめた23年上半期の資金調達額ランキングでは、宇宙や核融合といった先端技術に関連する企業が上位に入りました。

宇宙ごみ除去サービスのアストロスケールホールディングスは100億円を超える金額を増資で調達するとともに、出資先の1社である三菱電機と衛星の基礎構造を共同開発する契約を

新規株式公開（IPO）　企業が自社の株式を証券取引所に新たに上場し、不特定多数の一般投資家が自由に売買できるようにすること。英語の「Initial Public Offering」の頭文字をとってIPOと呼ぶ。

結びました。宇宙分野での大手企業とスタートアップの協業は本格化しつつあります。

同じく100億円規模の調達を実施した核融合関連スタートアップの京都フュージョニアリングは調達資金を活用して核融合反応を促す周辺装置や機器の研究開発を進めます。政府系ファンドやVCのほか、大手商社や電力会社なども出資しました。核融合は水素のような軽い原子核同士が融合することで、少ない燃料から膨大なエネルギーを生み出します。脱炭素の切り札と期待感が高まっています。

海外進出を本格化する動きもあります。産業機械などの部品の受発注を仲介するキャディは、米国を中心とした海外展開などに資金を充てます。米国では23年に子会社を設立し、大型機械のほかに航空機や商用車などの顧客への浸透を目指しています。同社は30年に部品の受発注の仲介サービスで売上高1兆円を目指しており、このうちの半分程度を海外事業とする方針です。

日本では政府が産業構造の転換に向けてスタートアップの推進に乗り出しています。政府は22年11月に「スタートアップ育成5カ年計画」をまとめ、スタートアップへの年間投資額を10兆円規模に拡大する目標を掲げました。「経済財政運営と改革の基本方針2023（骨太の方針）」にもスタートアップの推進が重点項目として盛り込まれました。

企業価値10億ドル以上の未上場企業「ユニコーン」を生み出すための取り組みも始まっています。国内では事業基盤を十分に拡大できていない状態で上場する企業が多く、ユニコーン企業が

2023年1～6月の資金調達額ランキング

順位	社名	事業内容	調達金額（億円）
1	GO	タクシー配車アプリ	140
2	アストロスケールホールディングス	宇宙ごみの除去サービス	132.4
3	京都フュージョニアリング	核融合関連装置開発	105
4	VPP Japan	オフグリッド電力供給サービス	103.4
5	キャディ	製造業の受発注プラットフォーム	88.9
6	エニトグループ	マッチングアプリの運営	86.5
7	LayerX	企業向け支出管理システム	81.5
8	UPSIDER	法人向けカードの提供	80
9	クラスター	メタバース運営	52.7
10	ブリーチ	企業向け販促支援	46

（注）2023年7月10日時点、10位までを抜粋
（出所）STARTUP DB

育ちにくいと指摘されてきたなか、三井住友フィナンシャルグループはVC大手のグローバル・ブレインと共同で国内でのユニコーン企業育成に向けて投資額が300億円規模のファンドを設立します。

自治体もスタートアップ支援に力を入れています。東京都は創業期の企業が国内外のVCや企業、大学、行政機関とつながり支援を受ける拠点「Tokyo Innovation Base」を立ち上げる予定です。フランスのスタートアップ支援拠点を参考に、世界で活躍するスタートアップ企業の輩出を目指します。日本貿易振興機構（JETRO）とも連携しながら海外VCやアクセラレーターを誘致してスタートアップの海外展開を促進していく方針です。

アクセラレーター　起業を目指す人や創業間もないスタートアップ企業を支援する企業や組織。

Q

10

半導体

半導体が世界的に重要になっているのはなぜなのか。

A

半導体は家電や自動車、通信インフラや軍事関係などあらゆるモノに使われており、各国の産業競争力を左右するためです。

お金を支払ってまでも誘致したい半導体

2023年5月18日、首相官邸にはインテルのパット・ゲルシンガー最高経営責任者（CEO）ら、米国や欧州、韓国、台湾の半導体関連の7社の幹部が集まりました。世界の半導体大手の幹部が一斉に集まるのは異例です。岸田文雄首相らと日本での事業展開について意見を交わし、首相自ら「政府を挙げて対日直接投資のさらなる拡大、半導体産業への支援に取り組んでいきたい」と日本への投資を呼びかけました。

メンバーの1人で米半導体メモリー大手、マイクロン・テクノロジーのサンジェイ・メロートラCEOは首相と面会後、広島県の工場に今後数年で最大5000億円を投資する方針を明かしました。世界最先端の半導体製造装置を導入し、次世代品の半導体を日本で生産する方針です。この5000億円のうち、一定額は日本政府が補助します。

こうした動きの背景にあるのが、半導体の重要度の高まりです。半導体は「産業のコメ」といわれるほど、幅広い製品に搭載され半導体チップが製品の性能に直結するようになりました。市場が拡大するなかで、サプライチェーン（供給網）構築の重要性が最も意識されたのが新型コロナウイルス禍です。巣ごもり需要でパソコンや周辺機器の需要がメーカーの想定を超えて高まり、供給が追いつかなくなりました。自動車向けの半導体部品も滞り、完成車の納車まで1年以上待

各国・地域の半導体政策

米国	今後5年で500億ドルを補助。中国向けに輸出されるAI向けや先進的な半導体に利用される製造装置の輸出管理措置の導入
中国	地方政府合わせて10兆円超を補助。製造受託企業に10年間の税控除
欧州	30年までに累計430億ユーロを補助。世界シェア20%以上を目指す
日本	2年で2兆円規模の補助。30年に国内半導体の売上高を3倍の15兆円に伸ばす

（注）経産省の資料などをもとに作成

たされるケースまで出てきました。さらにロシアのウクライナ侵攻、米中対立による台湾有事の懸念拡大など、供給網の途絶が世界で意識されています。

仮に半導体が海外から届かなくなれば国内産業に多大な影響が出るうえに、政治上も不利になりかねません。これが、日本が補助金を出してでも工場を海外から誘致したい理由です。

22年には国内で回路線幅が2ナノ（ナノは10億分の1）メートルと世界最先端の半導体を量産することを目指す半導体メーカー、ラピダスが設立されました。北海道千歳市で工場を複数建設し、27年に量産を始めます。2ナノは25年に台湾の台湾積体電路製造（TSMC）と韓国サムスン電子が量産を始める予定ですが、現状日本で生産されているのは40ナノメートル品が

台湾積体電路製造（TSMC） 半導体受託生産の世界最大手。日本で初となる半導体工場を熊本県に建設している。

せいぜいです。国産２ナノメートル品の実現には技術的な飛躍が必要となります。

ラピダスは22年８月の会社設立後、トヨタ自動車やデンソー、三菱ＵＦＪフィナンシャル・グループ、半導体メーカーのキオクシアなど８社が73億円を出資しました。２ナノ品の量産には累計５兆円の資金調達が必要とされますが、まだ事業活動で資金を得る手段がありません。このため、資金の大部分は政府の補助金に頼るとの見方があります。

世界で進む半導体への取り組み

政策支援を厚くしているのは日本に限りません。

米国で22年にできたＣＨＩＰＳ・科学法は半導体の国内生産に５年で５２７億ドル規模の補助金を投じ、助成を受けると10年間、中国への関連投資の拡大が禁じられます。欧州も欧州半導体法案を発表し、10年で累計４３０億ユーロの官民投資を実施します。中国政府も地方政府と合わせて半導体技術に合計10兆円超を投資します。半導体向け補助金は東南アジアやインドなど幅広い国で競い合うように拡充されており、各国は工場誘致に注力しています。**日米欧政府は半導体支援策の情報共有を進めており、対中国を念頭に安定した供給網の維持に向けて動いています。**

歴史を振り返ると、半導体の生産拠点は１９９０年代には日本や欧米に集中していました。それが２０００年代に入ると安価な労働力を背景に量産に力を入れた中国、台湾、韓国が台頭しま

半導体市場規模は今後倍増する見込み

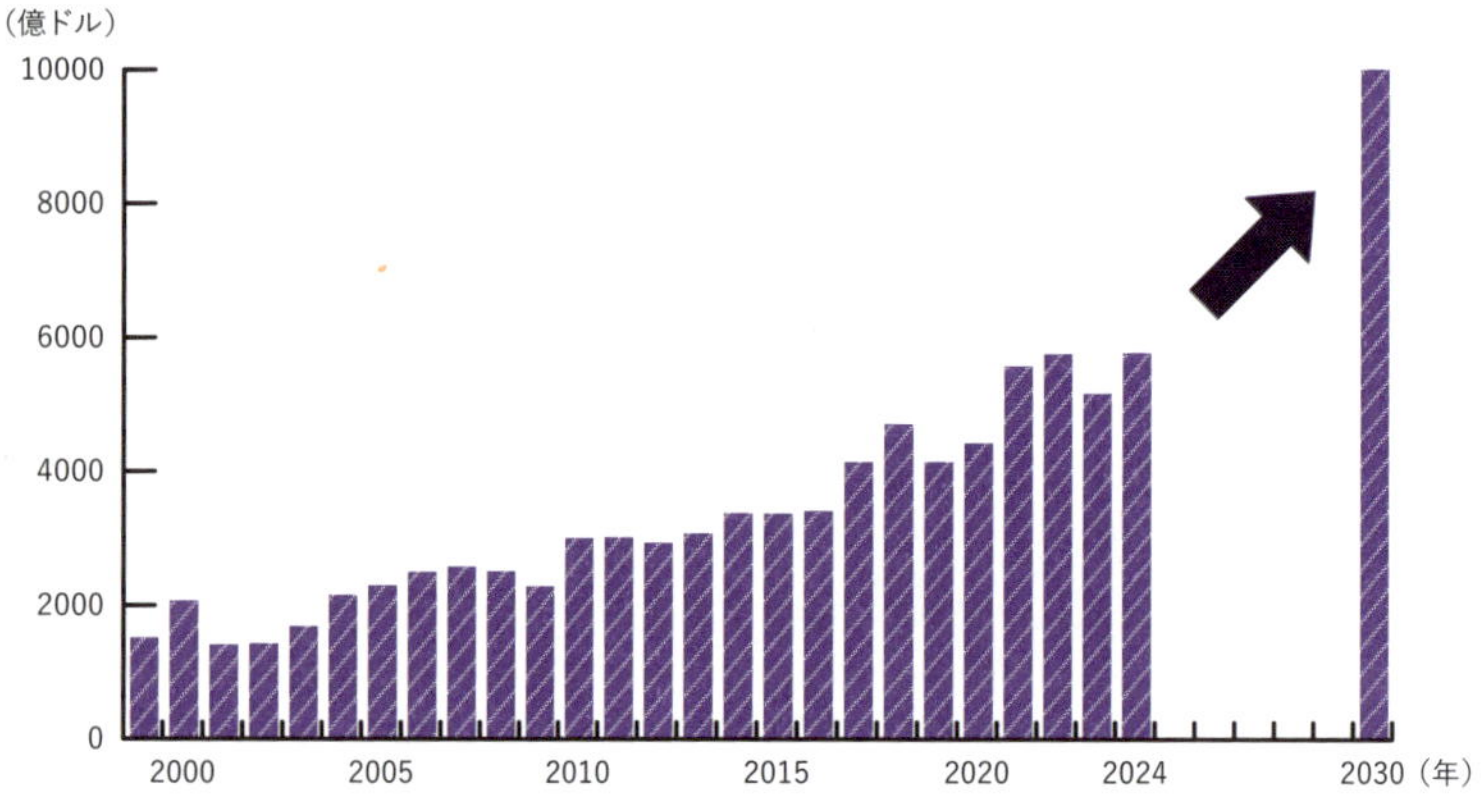

（出所）Historical Billings Report (wsts.org)

した。今では最先端半導体の大部分がこの3カ国で製造されています。

23年に入り生成人工知能（ＡＩ）が話題です。生成ＡＩにはエヌビディアという半導体メーカーなどの「ＧＰＵ（画像処理半導体）」と呼ばれる製品が大量に使われています。

半導体の需要は２０００年代にかけてはパソコン、10年代はスマートフォンがけん引してきました。英調査会社などによると、半導体の市場規模は22年時点で５７４０億ドル。これが30年にはＡＩのデータセンターやＥＶ（電気自動車）向けに引き合いが強まり、１兆ドルとほぼ倍増する見込みです。30年時点で半導体を巡る世界の勢力図がどう変化しているのでしょうか。後れをとる日本にとっては、絶好のチャンスにほかなりません。

Q

11

就職活動

学生に人気の職業は変わってきているのか。

A

学生は業績や社会的な評価だけでなく、自身が成長できるかどうかも含めてSNSなど様々な情報をもとに仕事や企業を吟味しています。

就活ランキング上位に入る企業が変わった

日本経済新聞社と就職情報サイトのマイナビ（東京・千代田）がまとめた2024年春卒業予定の大学生を対象にした就職企業人気ランキングを見ると、1位はニトリ、2位は東京海上日動火災保険、3位はＪＴＢグループでした。ニトリは数年前まで上位にいませんでした。なぜ躍進したのでしょうか。

1つはニトリが単なる流通業ではなく、「製造物流IT小売業」を標榜し、商品の企画から製造、物流、販売までを一手に手掛けている点です。職種が多様で幅広い人に活躍のチャンスがあるという意味で人気が高いです。

2つ目は入社後に成長環境が用意されていることです。マイナビが23年卒の学生を対象に実施した調査で、「企業選択において自身が成長できる環境かどうかを重視していますか」と聞いたところ、文系学生は73％の学生が「はい」と答えました。具体的にどのような環境を思い浮かべるかを尋ねると、「研修制度がしっかりしている」「スキルが身につく」が上位に入りました。

終身雇用が崩壊し、新卒で入社した企業を定年まで勤め上げるのが当たり前だった時代は終わりました。学生は競争の時代を生き抜くため、自らスキルを磨くことを考えています。

ニトリはこうした学生の欲求に応えようと様々な対策を打っています。ニトリホールディング

人気企業ランキング（文系総合）

順位	企業名
1	JTBグループ
2	ANA（全日本空輸）
3	エイチ・アイ・エス
4	電通
5	三菱東京UFJ銀行
6	オリエンタルランド
7	JR東日本（東日本旅客鉄道）
8	JAL（日本航空）
9	Plan・Do・See
10	東京海上日動火災保険

（出所）マイナビ 2014年卒大学生就職企業人気ランキング

順位	企業名
1	ニトリ
2	東京海上日動火災保険
3	JTBグループ
4	ファーストリテイリング（ユニクロ・ジーユー・プラステ・セオリー）
5	伊藤忠商事
6	三菱UFJ銀行
7	味の素
8	日本生命保険
9	ソニーミュージックグループ
10	Plan・Do・See

（出所）マイナビ・日経 2024年卒大学生就職企業人気ランキング

ス（HD）は25年までに約1万8000人の社員の8割に情報処理に関する国家資格「ITパスポート」を取得してもらうようにします。電子商取引（EC）の競争が激化するなか、社員のIT（情報技術）能力を底上げすることで企業競争力を高めるのが狙いです。

3つ目はインターンシップ（就業体験）の魅力です。学生の就活は3年生の夏に実施されるインターンシップが実質的なスタートになっています。ニトリではグループワークに参加した学生に対してはフィードバックをし、何が良かったか、改善すべきポイントは何だったかを伝えます。また複数の部署の業務を体験できるようプログラムにも工夫を凝らしています。

他社がインターンで自社のアピールにいそしむなか、ニトリのこうした学生に寄り添った取り組みが評価され、評判はSNSを通じて広がりました。**実際、ニトリは楽天みん就の「2024年卒 インターン人気企業ランキング 総合ランキング」で4年連続1位を獲得しました。**

インターンの定義にも変化が

人手不足は深刻です。リクルートによると24年3月に卒業する予定の大学生・大学院生のうち民間企業就職希望数は45万1000人ですが、少子高齢化により中長期的には新卒は減っていくでしょう。企業にとってインターンを通じて学生に自社で働く魅力を伝えることは、新卒を確保するうえで重要になっています。

そのインターンの定義が25年卒で大きく変わります。文部科学省と厚生労働省、経済産業省の3省がインターンで取得した学生情報は採用活動に利用してはならないとしてきた3省合意を改めることになりました。この3省合意改正では一般的なインターンは5日以上、専門的な内容を含む場合は2週間以上であれば、一定の条件に限りインターンでの学生の評価を企業が採用選考時に利用できるようになります。インターンが採用に直結するケースはますます増えそうです。

就職情報会社のディスコ（東京・文京）が23年7月に企業を対象に実施した調査によると、23年度にインターンを実施すると答えたのは73％と前年に比べ5ポイント増加しました。実施予定期間は「1週間程度」が8ポイント増の24％でした。

成長できる環境とはどんな環境を思い浮かべるか

（上位3つまで選択）

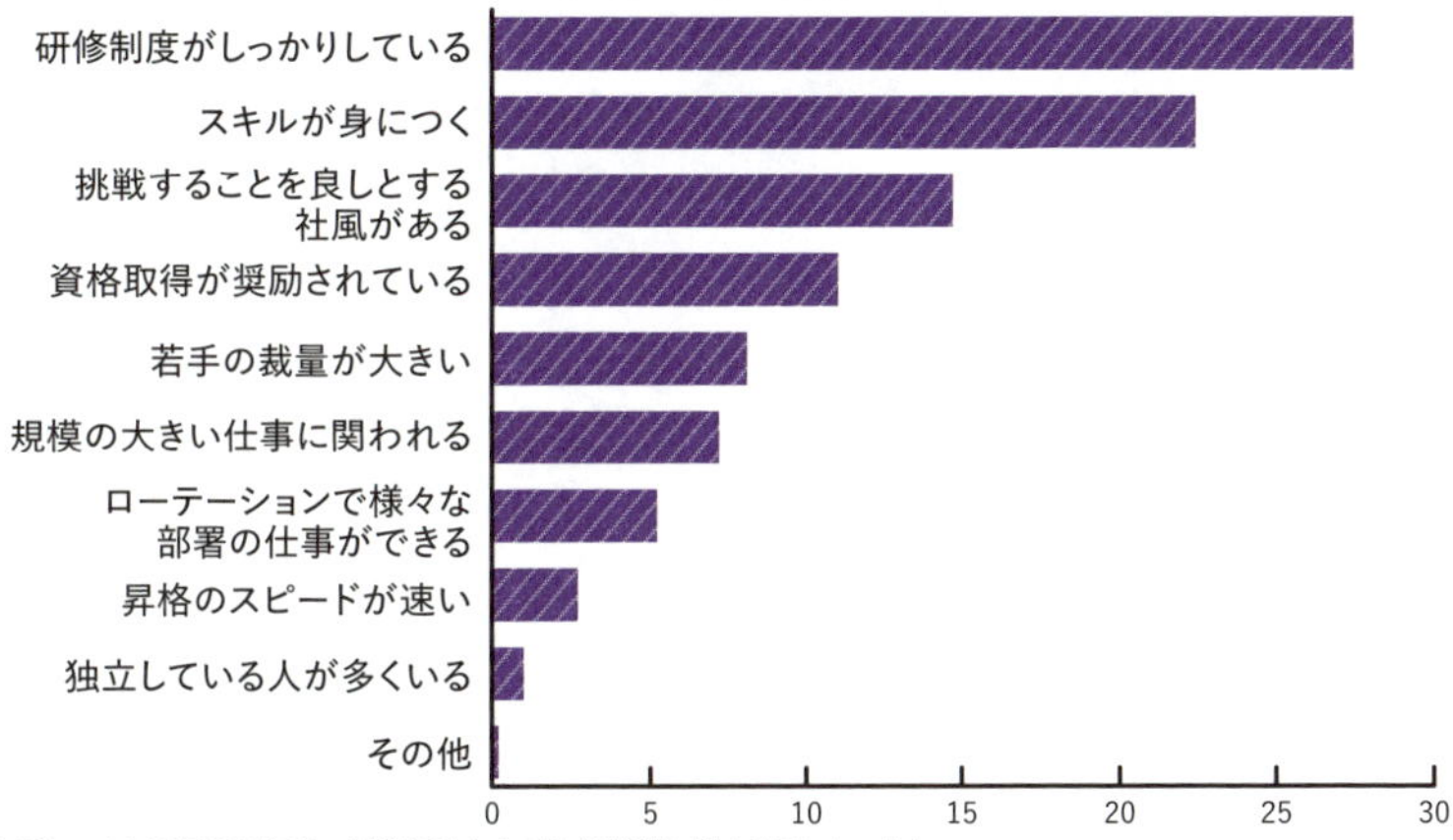

（出所）マイナビ「2023年卒　就職活動における価値観に関するアンケート」

冒頭の就職企業人気ランキングを振り返ると、1981年卒は商社や総合電機メーカーが、91年卒は安定経営のイメージを持つ銀行が上位にランクインするなど、その時代に業績が好調だった企業が人気を集めていました。見方を変えれば当時の学生はネットもなく企業の情報が少ないなかで、イメージや社会的評価だけで志望企業を決めていたといえそうです。

しかし今は違います。**SNSから企業の情報を取捨選択し、インターンなどを通じて仕事の中身を知ったうえで企業選びをする傾向が強まっています。**親世代からすれば流通業が人気になるとは考えられないことかもしれませんが、近年ニトリがトップの人気を獲得したのは学生の就業観や就活への考え方が大きく変わった象徴だといえそうです。

Q

12

インバウンド

コロナ対策の緩和で
インバウンド需要はどこまで
回復しているのか。

A

中国以外のアジア圏を中心に訪日客が増えており、コロナ禍前の水準を上回る国・地域も現れています。

円安も後押しとなり7割まで回復

インバウンド（訪日外国人客）は2022年後半以降、復調傾向です。**日本政府観光局（JNTO）によると、23年5月の訪日客数は約190万人と前年同月比13倍に増えました。新型コロナウイルス禍前の19年同月比では7割の水準まで回復しています。**

背景にあるのは、水際対策の緩和と円安です。22年10月に出入国の際の水際対策が緩和されました。22年秋からは国内外の政策金利差などから円安が急速に進み、23年6月時点でコロナ禍前に比べて対ドルで30円以上安くなりました。外国人にとって日本での消費の「割安さ」が強まり、訪日する魅力が増しています。

訪日客は韓国や台湾、東南アジアなどアジア圏を中心に戻っています。23年5月の訪日客数を国・地域別で見ると、最多は韓国の約52万人で19年5月の85％の水準まで回復しました。台湾も約30万人と7割の水準です。コロナ禍前を上回る国・地域も現れ、北米は2割増、シンガポールは32％増、ベトナムは15％増、インドネシアは3％増となりました。

一方、低迷しているのが中国です。コロナ禍前は訪日客の3割を占め最多でしたが、23年5月は19年同月比8割減の約13万人にとどまりました。日本向けの団体観光ビザの発給が止まっていることが影響しているようです。

訪日客は韓国や東南アジアを中心に回復傾向に

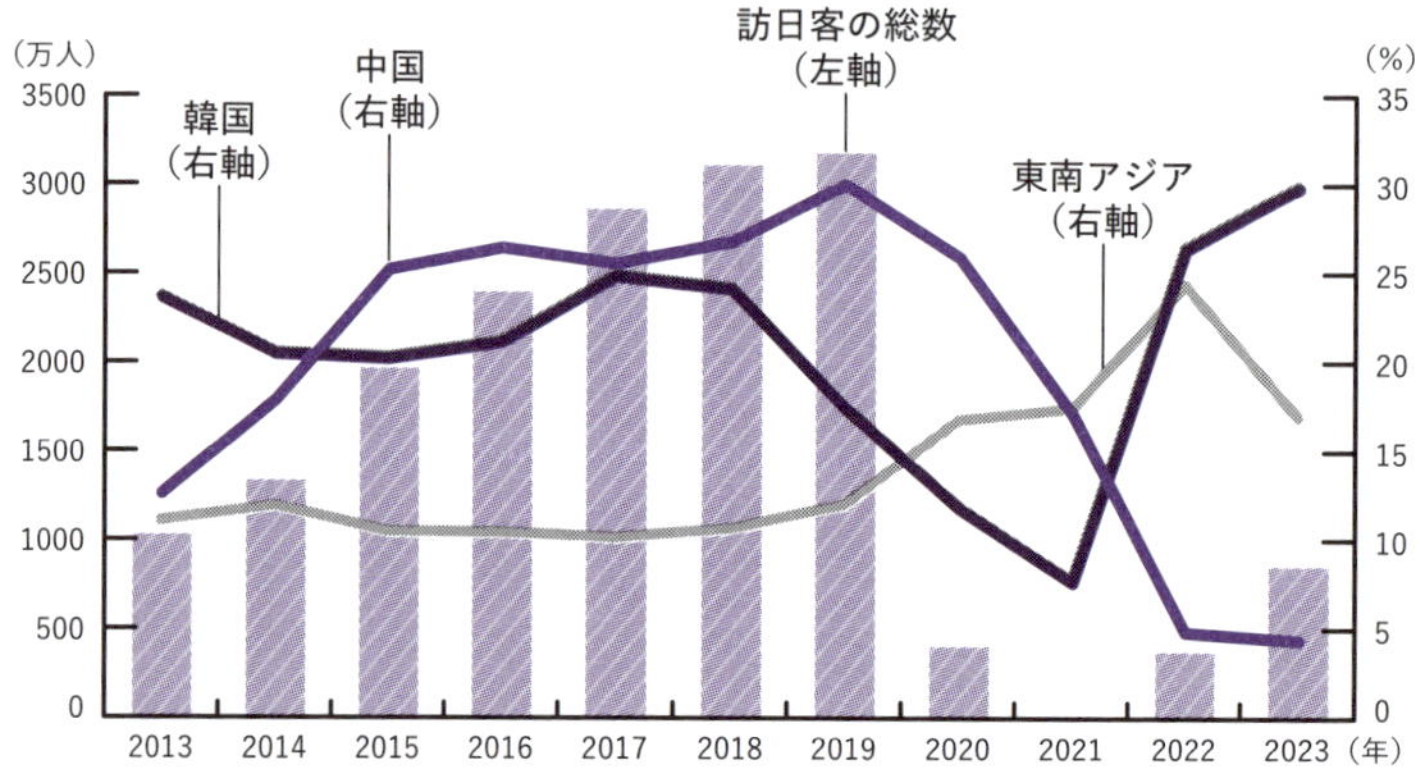

（注）右軸は各国・地域が地域全体に占める割合。東南アジアは暦年比較が可能なタイ、シンガポール、マレーシア、インドネシア、フィリピン、ベトナムの合計。23年は5月までの推計値。日本政府観光局（JNTO）の統計をもとに作成

旅行先と消費が変化

訪日客の消費行動はコロナ禍前と比べて変化しています。その一つが旅行先です。以前は東京に集中していましたが、地方への分散が進みました。観光庁の宿泊旅行統計調査によれば、23年1～4月の外国人宿泊者は山梨県や北海道、石川県が前年同月に比べて大きく増え、全国の伸び率を上回りました。SNSの普及により外国人同士で旅行体験の共有が活発に行われ、これまで目立たなかった地方や郊外の都市が知れ渡るようになりました。

国や県も地方のインバウンド受け入れに力を入れています。観光庁は「地方における高付加価値なインバウンド観光地づくり事業」で23年春に集中的な支援を行うモデル観光地として、

東北海道や沖縄・奄美など11地域を選びました。

コロナ禍前に比べてもう一つ変わったのは消費の対象です。買い物主体のモノから、イベント体験やサービスといったコトへとシフトしています。観光庁の訪日外国人消費動向調査によれば、消費額に占める娯楽などサービス費の割合は23年1〜3月期に8・2％と19年同期比で4・2ポイント、飲食費の割合は22・8％と1・1ポイントそれぞれ上昇しました。半面、買い物代は24・6％と11・3ポイント減りました。

企業・団体はコト消費の需要拡大を捉えようと、高付加価値型のツアーやメニューを提案するなど工夫を凝らしています。沖縄県北部では22年にアドベンチャーツーリズムに注力した宿泊施設「やんばるホテル南溟森室―なんめいしんしつ― withNIPPONIA」が開業しました。古民家を改修した施設で山歩きや漁などの体験ツアーを提供しています。「横浜　なだ万」（横浜市）では6万円を超える「OMAKASE」コースを用意しました。ほかのコースで最高額のものと比べても2倍以上高く、高級志向の訪日客にアピールしています。

和歌山県の高野山では写経や瞑想《めいそう》体験、精進料理などを組み合わせたインバウンド向けツアーを23年春から提供し始めました。英語通訳つきの約8時間のツアーは1人3万円と日本人向けより高いですが、訪日客から人気です。

インバウンド消費には課題もあります。その一つがオーバーツーリズムの問題です。訪日客が

アドベンチャーツーリズム　アクティビティ、自然、文化体験の3つの要素のうち、2つ以上で構成する旅行。地域独自の自然や文化を通じて現地の人々と接することで地域への理解を深め、自らの成長につなげる目的での旅行形態。

訪日客向けサービスや観光促進策を充実させる動きが相次ぐ

観光庁	消費単価が高い傾向にある旅行者の地方への誘客を促進。11 エリアをモデル観光地に選定
高野山宿坊 恵光院（和歌山）	写経や瞑想体験、精進料理などを組み合わせた訪日客向けツアー
くら寿司京都店（京都）	内装が日本風の店舗。白木造り、客席ごとののれん、巨大浮世絵などの装飾
大洲城キャッスルステイ（愛媛）	1 泊 110 万円（2 名）で城主体験。天守閣での宿泊や重要文化財での食事が可能
横浜　なだ万（神奈川）	外国語の予約ページに「OMAKASE」コースを用意。価格は 6 万円超え
やんばるホテル南溟森室（沖縄）	古民家を改修した宿泊施設。山歩きや漁体験などが楽しめる

観光地に集まりすぎると渋滞やごみ、騒音などが発生し、地域住民との間でトラブルとなる例が少なくありません。自治体も対策に乗り出しており、沖縄県の一部の離島では観光客の受け入れ制限を始めました。

観光地の人手不足も深刻になっています。働き手を確保するための賃上げが広がっており、北海道ニセコ町ではホテル運営企業が2割前後のベースアップに踏み切りました。経営基盤を強化する動きも出ており、温泉施設などを運営する大江戸温泉物語ホテルズ＆リゾーツ（東京・中央）と湯快リゾート（京都市）は24年に経営統合する方針です。

Q

13

病気

パンデミック（世界的大流行）は再び起きるのか。

A

起きる可能性は常にあります。「次」のパンデミックに備えた予防や対策に関する取り組みは今後も続けていく必要があります。

WHOが新型コロナウイルス感染症の緊急事態宣言終了を発表

世界保健機関（ＷＨＯ）は２０２３年５月、新型コロナウイルスに関する緊急事態宣言を終了すると発表しました。ワクチンの普及などで死者数が大幅に減ったことを見て、２０２０年１月末に宣言した「国際的に懸念される公衆衛生の緊急事態（ＰＨＥＩＣ）」は３年３カ月で終了を迎えました。新型コロナの緊急事態宣言終了の発表から６日後、22年７月に出したサル痘（エムポックス）の緊急事態宣言も終了すると発表しました。

日本でも、23年5月に新型コロナの感染症法上の位置づけが「5類」に移行し、以前は新聞やテレビで毎日流れていた日々の感染者数の発表は終了しました。「これでもう大丈夫」と言いたいところですが、次なるパンデミックが起きる可能性は常にあります。**グローバル化が進んだ世界では、新たな感染症が発生、まん延しやすい状況が続いているからです。**

新しい感染症の発生は、動物に感染する病原体が、人間にも感染する能力を獲得することが背景にあります。このように、人と人以外の動物の両方がかかる感染症のことを「人獣共通感染症」といいます。森林伐採や家畜の飼育などの増加によって、人と動物が接する機会は増えています。

ウイルスがもともと感染していたコウモリなどの自然宿主《しゅくしゅ》から、別の動物に種を越えて感染することをスピルオーバー（異種間伝播《でんぱ》）といいます。新しい感染症は、宿主である野生動物か

新しい感染症が発生する仕組み

宿主
もともと病原体を持っている野生生物

中間宿主
家畜やペットなど

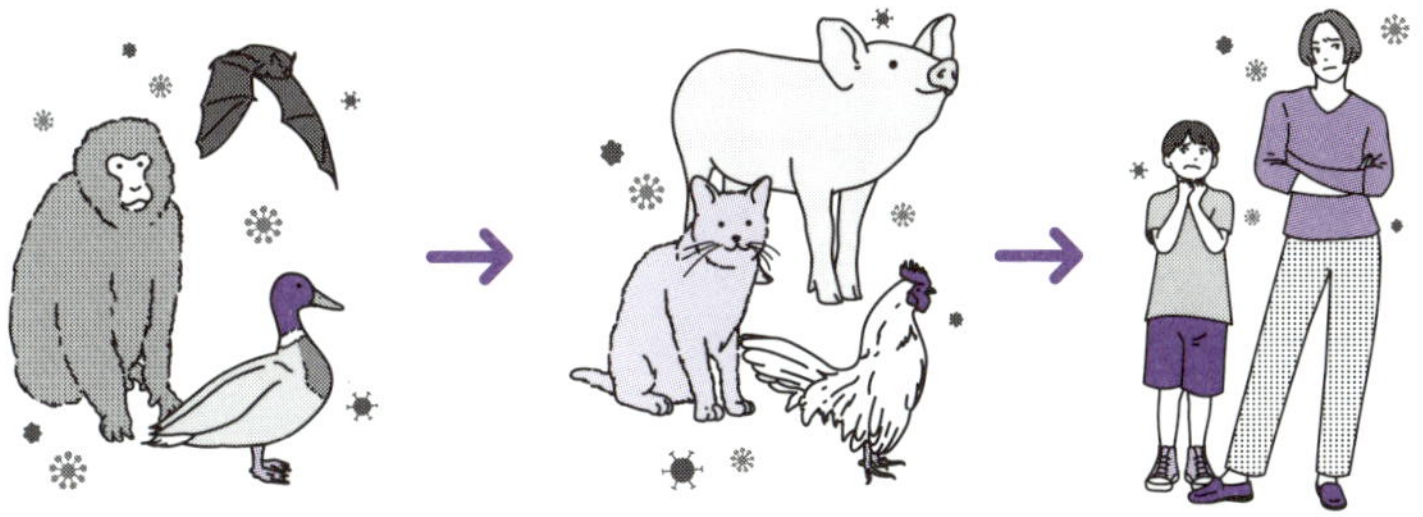

ウイルスの変異が起きると異種間の感染はしやすくなる

ら人に直接感染したり、家畜などの中間宿主を経て、人間に感染できる能力を獲得したりして発生します。例えばインフルエンザウイルスは、カモなどの野生の鳥からニワトリなどを経て人に感染できるようになったとされています。

グローバル化によって人や動物の行き来が進み、人に感染できるようになった病原体が人から人へと広がっていく機会も増えています。気候変動によって、マラリアなどの病気を媒介する蚊の生息域が拡大し、さらに感染症が増えるともいわれています。

こうしたなか、次のパンデミックへ向けた準備が国内外で進んでいます。21年に英国で開催された主要7カ国首脳会議（G7サミット）では、感染症が流行した際、WHOがPHEICを宣言してから100日以内のワクチン開発を

主要7カ国首脳会議（G7サミット）　主要7カ国(Group of Seven)首脳会議の通称。日本、米国、英国、フランス、ドイツ、イタリア、カナダが参加し、各国の持ち回りで原則として毎年開催する。23年は日本で開催した。

目指す「100日ミッション」が合意されました。コロナ禍では1年以内にワクチンが世に出ましたが、これを100日に短縮するというものです。

国内では、国立感染症研究所と国立国際医療研究センターを統合し「国立健康危機管理研究機構」を設ける改正法が成立しました。25年度以降に始動する見通しです。米疾病対策センター（CDC）を模範としているため、「日本版CDC」とも呼ばれます。感染症の大流行といった有事の際に調査・分析から臨床対応までを一体で担うため、迅速な対応が期待されています。

様々な感染症でワクチンや治療薬の開発が進む

脅威となるのは新しい感染症だけではありません。世界には今も多くの感染症が存在し、人々の命を奪っています。「世界三大感染症」の一つとして知られるマラリアは、WHOによると21年には約2億4700万人が発症し、約62万人が死亡したと推定されています。

こうした今ある感染症のワクチンや治療薬の開発も盛んです。21年にはWHOがマラリア予防のワクチンを初めて承認しました。

私たちの身近な感染症でもワクチンや治療薬の開発は日々行われています。米食品医薬品局（FDA）は23年7月、呼吸器合胞体ウイルス（RSV）感染症について、乳幼児向けのワクチンを初めて承認しました。2歳までに全員がかかるといわれているほど身近な感染症ですが、生後半

様々な感染症とワクチン

感染症名	病態	ワクチン
季節性インフルエンザ	発熱や頭痛。乳幼児や高齢者で重症化しやすい	○
新型コロナウイルス感染症	発熱や咳、味覚・嗅覚障害など	○
ノロウイルス感染症	吐き気や嘔吐、下痢。手や食品を介して感染	×
梅毒	細菌性の性感染症。母子感染で胎児にも影響	×
エイズ	数年〜10年ほどで発症。免疫機能が低下	×
重症熱性血小板減少症候群（SFTS）	シカなどからマダニを介して感染。致死率10%超	×

年未満の赤ちゃんや高齢者などがかかると重症の肺炎になるリスクがあります。

ワクチンがない感染症も多くあります。食中毒の原因で、嘔吐《おうと》や下痢などの症状が出るノロウイルス感染症は、ワクチンがまだありません。22年に国内の感染者が初めて1万人を超えた性感染症の梅毒もワクチンがなく、妊娠中に感染すると胎児にうつる場合があり、死産や流産の原因になったり、生まれてきた赤ちゃんに障害が出たりすることがあります。数年から10年ほどの潜伏期間を経て発症するエイズも有効なワクチンがまだなく、22年には世界で推定約63万人が死亡しています。

感染症で脅かされる命を救うために、パンデミックに備えるだけではなく、既存の感染症のワクチンや治療薬の開発も必要です。

Q

14

宇宙

月に経済圏ができるのは本当なのか。

A

月は水資源の存在が示唆され、将来火星などに進出する足場として注目されています。まず探査機を月面に輸送するビジネスなどが立ち上がると期待されます。

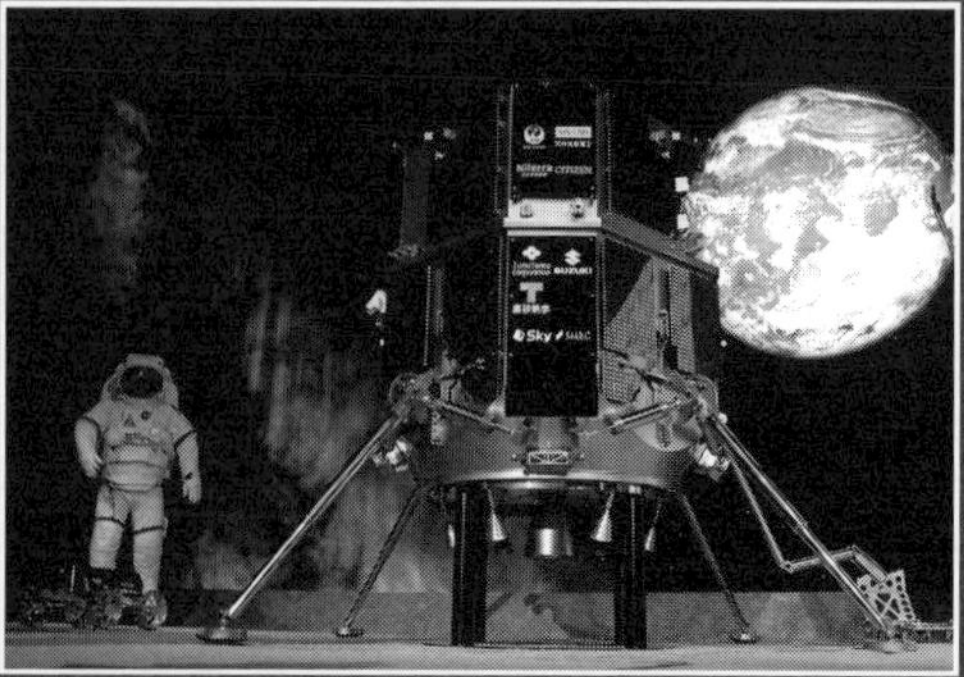

有人探査計画「アルテミス」始動で注目

米航空宇宙局（NASA）は2022年11月、月面を探査する「アルテミス計画」の1号機となる無人宇宙船を打ち上げました。米国が月に宇宙船を送り込むのは「アポロ計画」以来、約50年ぶりです。今後の計画では24年に有人宇宙船で月の周回軌道を飛行し、25年以降に月面着陸を目指しています。

米国が月に注目するのは、水資源がある可能性が近年の観測・研究でわかってきたためです。水を有効活用できれば現地で生活用水を確保できるだけではなく、酸素と水素に電気分解して酸素を居住空間に、水素を探査機の燃料などに使えます。将来的に人類が、地球と似た環境を持つ火星に進出する際の経由地として、月が有望視されているのです。

月に注目しているのは米国だけではありません。中国は13年に初の月面着陸に成功後、19年にはより難しい「裏側」への着陸に世界で初めて成功しました。今後も独自に月面開発を進めていく計画です。

月の探査はかつて、東西冷戦下で米国と旧ソ連がしのぎをけずる場でした。1966年に旧ソ連が月面の軟着陸に初めて成功した後、69年に米国が「アポロ11号」で初の有人着陸を達成しました。「米ソ」の開発競争は「米中」へとプレーヤーが代わり、再び激しい主導権争いへ発展し

Q14
宇宙

月探査を巡る世界各国の動き

1950年代後半	米国、旧ソ連が月探査計画を相次ぎ打ち出す
66年	旧ソ連が月面の軟着陸に初成功
69年	米国が「アポロ11号」で初の有人着陸成功
2013年	中国が初の月面着陸、3カ国目の成功
19年	中国が裏側の着陸に世界初の成功
22年	米国、探査計画「アルテミス」で無人宇宙船打ち上げ
23年	日本のispace、月面着陸に挑戦も直前で落下・衝突

ていくと予想されます。ほかにもインドやロシアが月開発に意欲的です。

近年の宇宙開発は国の宇宙機関だけでなく、民間企業が活躍しているのも大きな特徴といえます。NASAは月面着陸機の開発企業として、米起業家イーロン・マスク氏が率いるスペースX、アマゾン・ドット・コム創業者のジェフ・ベゾス氏が立ち上げたブルーオリジンを選定しています。民間企業の活力を利用して迅速な月面開発につなげたい狙いです。

コンサルティング大手のPwCの試算では、月面ビジネス市場は40年までに累計1700億ドル（約24兆円）にのぼるとされます。月面に人や資源を輸送する事業などが立ち上がり、人が現地に長期滞在できるようになるとモノやサービスの需要が急増すると考えられます。

国内スタートアップは月着陸を目指し、再挑戦

日本でも月を巡る動きが活発化しそうです。月面着陸船を開発するｉｓｐａｃｅ（アイスペース）は23年４月12日、国内宇宙系スタートアップとして初めて上場企業となりました。探査車などの貨物を月面に輸送するサービスの確立を急いでいます。

アイスペースは実現すれば民間企業初となる月面着陸に挑みました。着陸船は22年末にスペースＸのロケットで宇宙空間に打ち上げられ、23年３月に月周回軌道に到達、翌月に着陸態勢に入りました。ただセンサーで月面との距離を測定する際、着陸地点を実際より高く見積もったため減速に必要な燃料を使い切ってしまい、月面に落下して大破したと見られます。原因を分析すると高度を見積もるソフトウエアに問題があったことや、月面の形状のシミュレーションが不十分だったことがわかりました。アイスペースはこうした知見をもとに、24年に再び月面着陸に挑む予定です。

国内大手企業も１００社超が月面進出に意欲を示しているとされます。例えばトヨタ自動車は宇宙航空研究開発機構（ＪＡＸＡ）や三菱重工業と、月面探査車の開発を手掛けています。重力が地球の６分の１、温度はマイナス１２０～１７０度、真空で強い放射線にさらされるなど、月の過酷な条件を挙げればキリがありませんが、そんな環境下でも動くクルマづくりを目指します。

多業種の企業が月面ビジネスを検討している

業　界	取り組み	主な企業
自動車	月面を走る車を開発、広域の有人月面活動を支える	トヨタ自動車 日産自動車
エネルギー	探査機や居住空間に必要なエネルギーを水資源などから生成する	ホンダ 高砂熱学工業
小型ロボット	月面の写真撮影やデータを取得、月面開発に生かす	タカラトミー ダイモン
建　設	月面基地の建設や、月の砂を原料にした道路舗装材の製造を担う	鹿島 清水建設 大林組

自動車のほかにも大手ゼネコンが月面基地を建設したり、保険会社が月探査機の着陸失敗を補償する保険を開発したりするなど産業の裾野の広がりが期待されそうです。

日本が世界のなかで存在感を示すには、ＪＡＸＡの活躍ももちろん重要になります。ＪＡＸＡは月面探査機「ＳＬＩＭ（スリム）」で月面着陸を目指します。スリムでは着陸の精度を誤差１００メートル以内に抑える「ピンポイント着陸」に強みを持ちます。従来は難しかった斜面などへの着陸もでき、より詳しい月面探査の実現に貢献しそうです。

Q

15

流　通

「物流の2024年問題」とは何か。

A

2024年4月、トラック運転手の時間外労働に上限規制ができます。かねての人手不足に規制が追い打ちとなり、物流の停滞リスクが高まります。

ドライバーの残業上限が年間960時間に

政府が2019年に始めた働き方改革の残業規制強化では、長時間労働が日常化していた陸運業は、建設業などと並んで5年の猶予を与えられていました。現在は労使協定を結べば労働基準法上の時間外労働の上限はありませんが、24年4月以降は年間960時間までとなります。

陸運業界では慢性的な人手不足が課題になっています。厚生労働省の一般職業紹介状況によると、22年度の有効求人倍率は全職業の1・19倍に対し、自動車運転の職業は2・38倍でした。全日本トラック協会の22年度の「働き方改革モニタリング調査」によると、時間外労働が年間960時間を超えるドライバーがいる事業所は29・1%にのぼります。

人手不足に長時間労働の規制が加わって輸送力が低下することで、経済や生活に悪影響が及ぶ懸念があります。野村総合研究所の試算では、30年には貨物需要に対して35%のドライバーが不足するとしています。

物流停滞を回避するため、政府は「物流革新に向けた政策パッケージ」の作成を進めています。トラックの待機時間や荷物の積み降ろしにかかる時間の削減や多重下請け構造といった課題の是正のほか、高速道路のトラック速度規制の引き上げなどを検討しています。

適正な取引を阻害する疑いのある荷主企業や元請け事業者の監視も強化する方針です。24年の

有効求人倍率

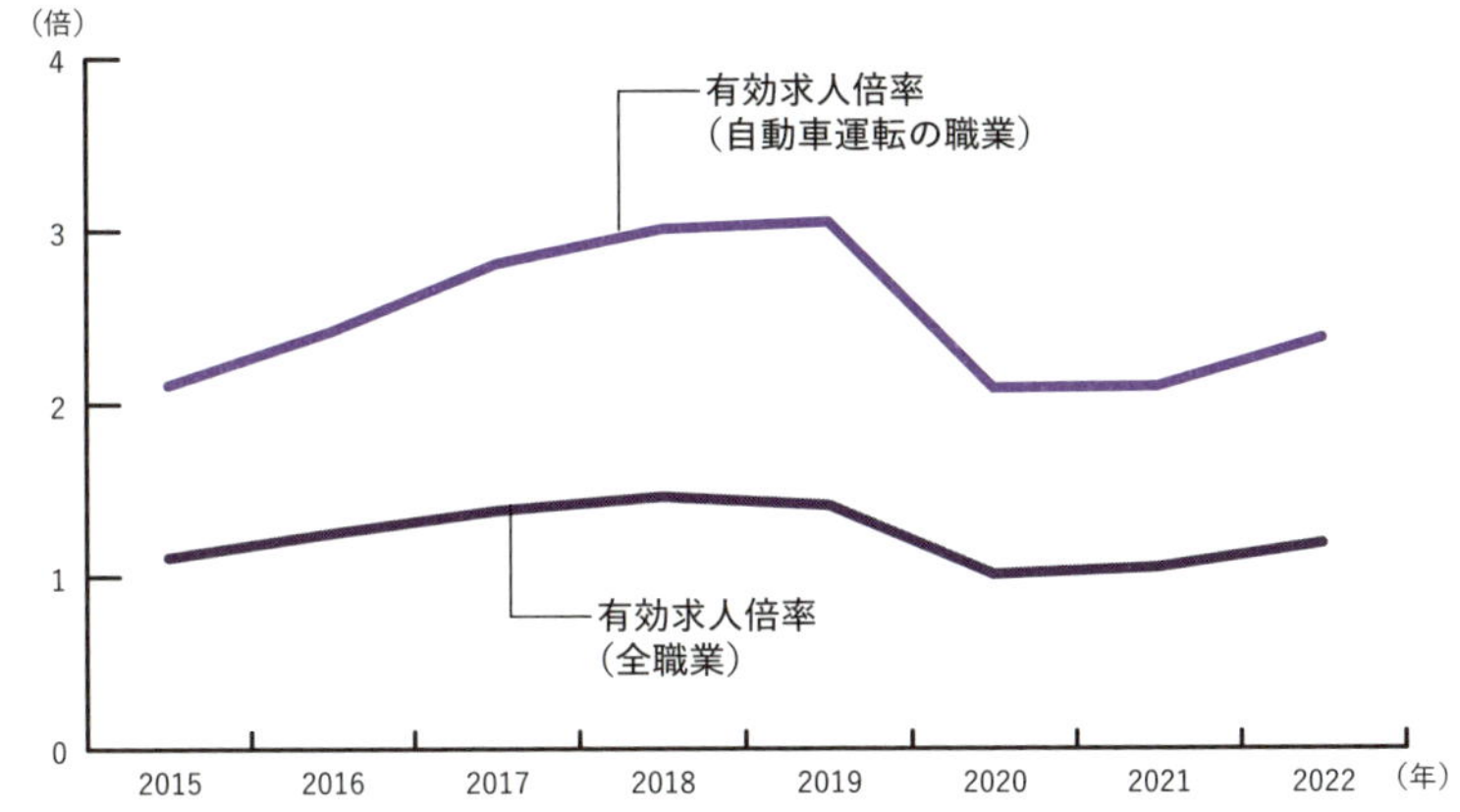

（出所）厚生労働省「有効求人倍率」

年初には通常国会での法制化も含めて規制的措置を定めるとしています。

物流維持へ企業も知恵

物流の停滞を避けるには、トラック運転手の負荷を軽減する様々な手法を組み合わせる必要があります。特にドライバーが長時間勤務になりがちな長距離輸送では、輸送手段をトラックから貨物鉄道や船舶に切り替える「モーダルシフト」や複数の運転手が中継地点で荷台やトレーラーを入れ替える「中継輸送」が有力な対策です。

企業では物流業界同士や他業界を巻き込んだ連携の動きが広がっています。日本通運は23年6月、モーダルシフトの促進に向けてビール大手物流4社と協定を結んだと発表しました。地震や台風、集中豪雨や大雪といった自然災害で鉄道輸送に障害が発生した際、ビール物流各社が対応可能な範囲で車両を手配し、日通が受託した鉄道輸送貨物をトラックで運ぶといった協力関係を築く計画です。

鉄道輸送は自然災害で停滞するリスクがトラックに比べて高いのが課題で、数十年にわたって利用が大きく伸びていませんでした。国土交通省の統計では、国内輸送に占める各輸送手段のシェアは1985年度から2019年度の間に自動車と内航海運が4～5割、鉄道が5％前後で推移しており、大きな変化はありませんでした。

荷主企業では、味の素やカゴメら大手食品メーカーが共同出資するF－LINEがトラックに複数荷主の商品を混載する共同輸送で積載率を高める取り組みを進めています。ライフコーポレーションなど首都圏の大手スーパー4社は23年3月、店舗への効率的な食品配送を協議する研究会を立ち上げました。

宅配最大手のヤマト運輸は、日本郵便との協業を始めます。25年3月までに、メール便や小型薄型荷物といったポスト投函《とうかん》できる荷物の宅配をすべて日本郵便に委託します。小回りが利く二輪や軽四輪が主力の日本郵便がポスト投函商品に、2トンや4トンのトラックが主力のヤマトが置き配や手渡しが必要な荷物に経営資源を集中し、業界全体の最適化を進める考えです。

物流維持にはドライバーの待遇改善も欠かせません。ヤマト、佐川急便、日本郵便は宅配便の

国内貨物輸送における輸送機関別シェア

（トンキロベース）

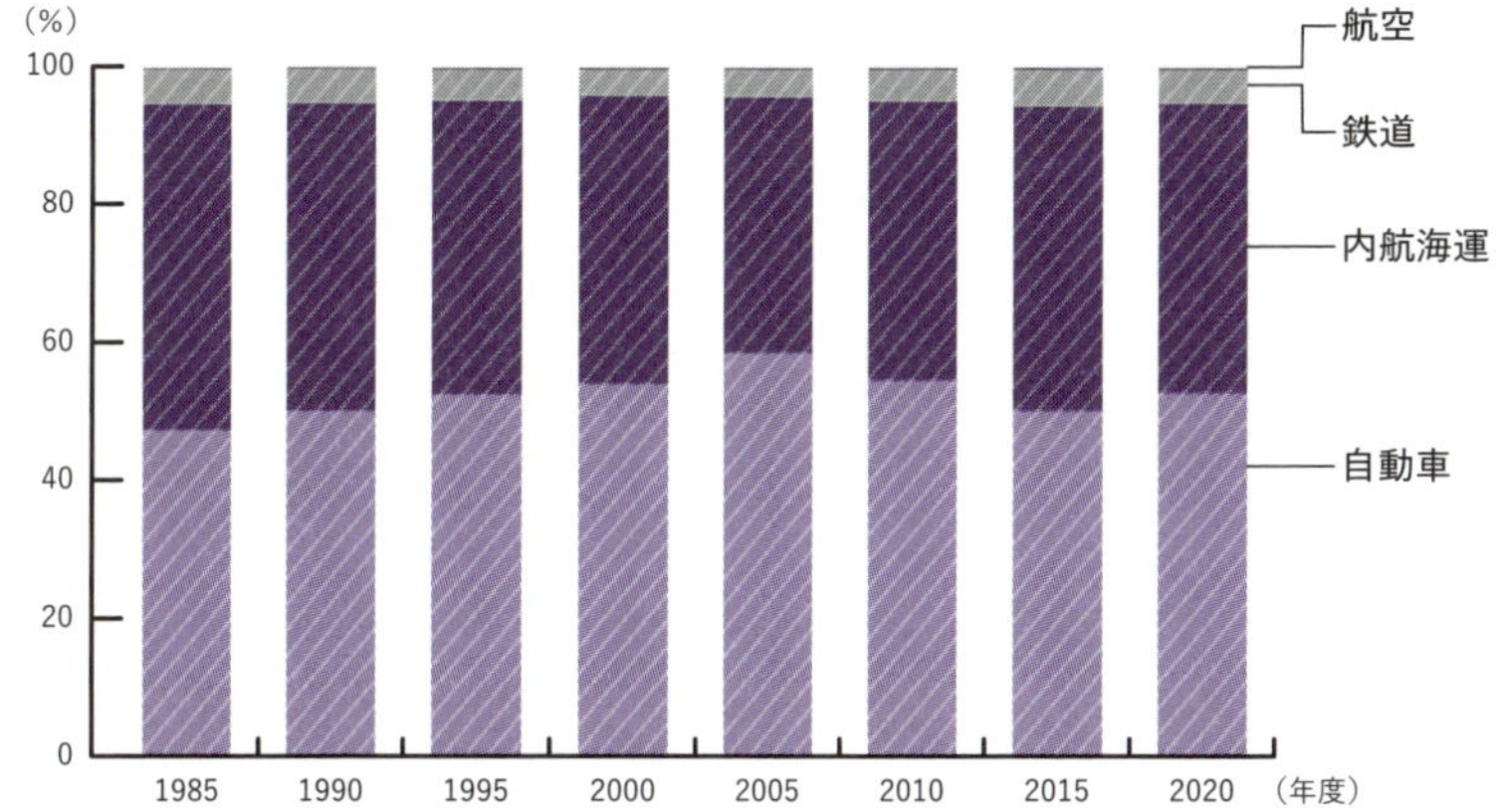

（出所）国土交通省が各種統計をもとに作成

値上げを進めています。増収分を輸配送委託先の待遇改善に充てて物流網の維持を図っています。

物流の負荷軽減には、消費者にもできることがあります。例えば宅配では、消費者の不在による再配達がドライバーの大きな負担になっています。消費者も実際に受け取れる日時を指定する、宅配ボックスや置き配を活用するといった協力で再配達の減少に貢献できます。ほかにもまとめ買いで配送回数を減らす、コンビニや街なかの宅配ロッカーでの受け取りを選択する、配送状況の通知アプリを使うといった工夫も有効です。

Q

16

循環経済

サーキュラーエコノミーは
なぜ重要なのか。

A

世界人口の増加や各国の経済発展により、資源調達が激化する懸念が生まれています。脱炭素を進めつつ、持続可能な社会を実現するには資源を廃棄せず循環させる必要があります。

30年までに80兆円、盛り上がる循環経済

脱炭素社会や持続可能な社会の実現に向けてサーキュラーエコノミー（循環型経済＝CE）に注目が集まっています。CEは資源を循環させて廃棄物の削減と資源の投入量を減らす経済システムを指します。**経済産業省によると、関連市場は世界全体で2030年に4兆5000億ドル、50年には25兆ドルまで増加すると見込んでいます。日本も30年までに80兆円に市場を拡大することを目指しています。**

賞味期限が近い食料品などを通販サイトで販売し、フードロス削減に取り組むクラダシは23年6月、東京証券取引所（東証）グロース市場に上場しました。同社の累計会員数は23年3月時点で約46万人にのぼります。足元では電子商取引（EC）販売だけでなく、神奈川県横浜市の商業施設に常設店舗を開業しています。

ユーグレナは使用済みの食用油とミドリムシから抽出した油脂を組み合わせて再生航空燃料（SAF）を生産しています。SAFは従来のジェット燃料に比べて二酸化炭素（CO_2）の排出を7～9割削減できると期待されています。経済産業省は30年から国際線に供給する燃料の1割をSAFとすることを石油元売りに義務づける方針です。

所有せず複数人と共有するシェアリングサービスも普及しています。女性向け衣服の月額制レ

再生航空燃料（SAF） 廃食油や植物、廃材などを原料とする燃料。航空機のジェット燃料と混ぜて燃やすことでCO_2排出量を抑える。

Q16 循環経済

経済モデルの転換期

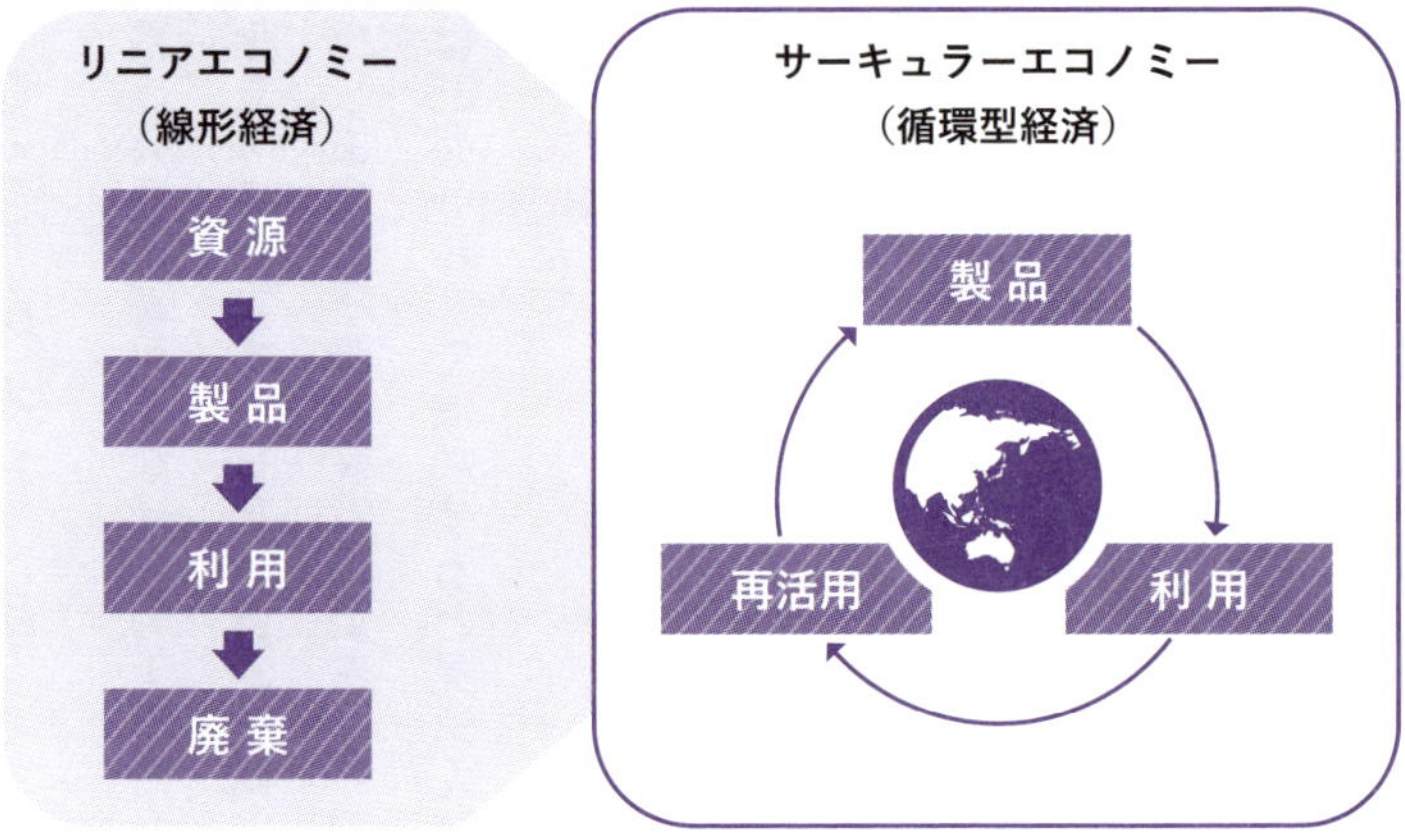

ンタルサービスを手掛けるエアークローゼットは22年に東証グロースに上場しました。同社は製品が循環することを前提にクリーニングや保管システムなどの独自サプライチェーンを構築しています。衣類は2次流通やリサイクルすることで「廃棄ゼロ」を実現しています。

各資源の循環で環境保全も期待

23年7月には改正道路交通法が施行され、16歳以上で一定の条件を満たせば運転免許無しで電動キックボードを運転できるようになりました。温暖化ガスを出さないなど環境負荷が小さく海外で先行して普及しています。シェアリングサービスを手掛けるＬｕｕｐ（ループ、東京・中央）は25年までに貸し出し拠点を1万拠点に増やす計画を掲げています。

スマートフォンの普及で、EC需要も高まりました。経済産業省によると21年の国内EC市場は21兆円と、コロナ禍以前の19年から1兆円ほど増加しています。comvey（コンベイ、東京・中央）はEC事業者向けに、繰り返し利用可能な梱包バッグを提供するサービスを手掛けています。同社の調べでは梱包ごみは年間150万トン発生しているとされます。

EC需要の増加に伴い、世界の通信需要も高まっています。通信機器に用いる希少金属（レアメタル）は世界に偏在し、資源小国である日本は輸入に頼っています。地政学的リスクの高い国々に依存しているため、外交カードに用いられる懸念もあり、限られた資源の循環システムの構築が重要です。

エマルションフローテクノロジーズ（EFT、茨城県東海村）は希少金属（レアメタル）を回収する技術を開発しています。同社は日本原子力研究開発機構（JAEA）発のスタートアップで、大平洋金属とプラント開発にも着手しています。

大阪大学発のマイクロ波化学は三井物産と共同開発契約を締結し、EVなどに利用されるリチウムの製錬工程の脱炭素化に取り組んでいます。電子レンジなどで利用される電磁波を用いて特定のレアメタルにのみ、エネルギーを与えて製錬する技術を開発しています。従来の液化天然ガス（LNG）を使った手法に比べて9割のCO_2排出量削減につながると見ています。

Q 16 循環経済

世界人口

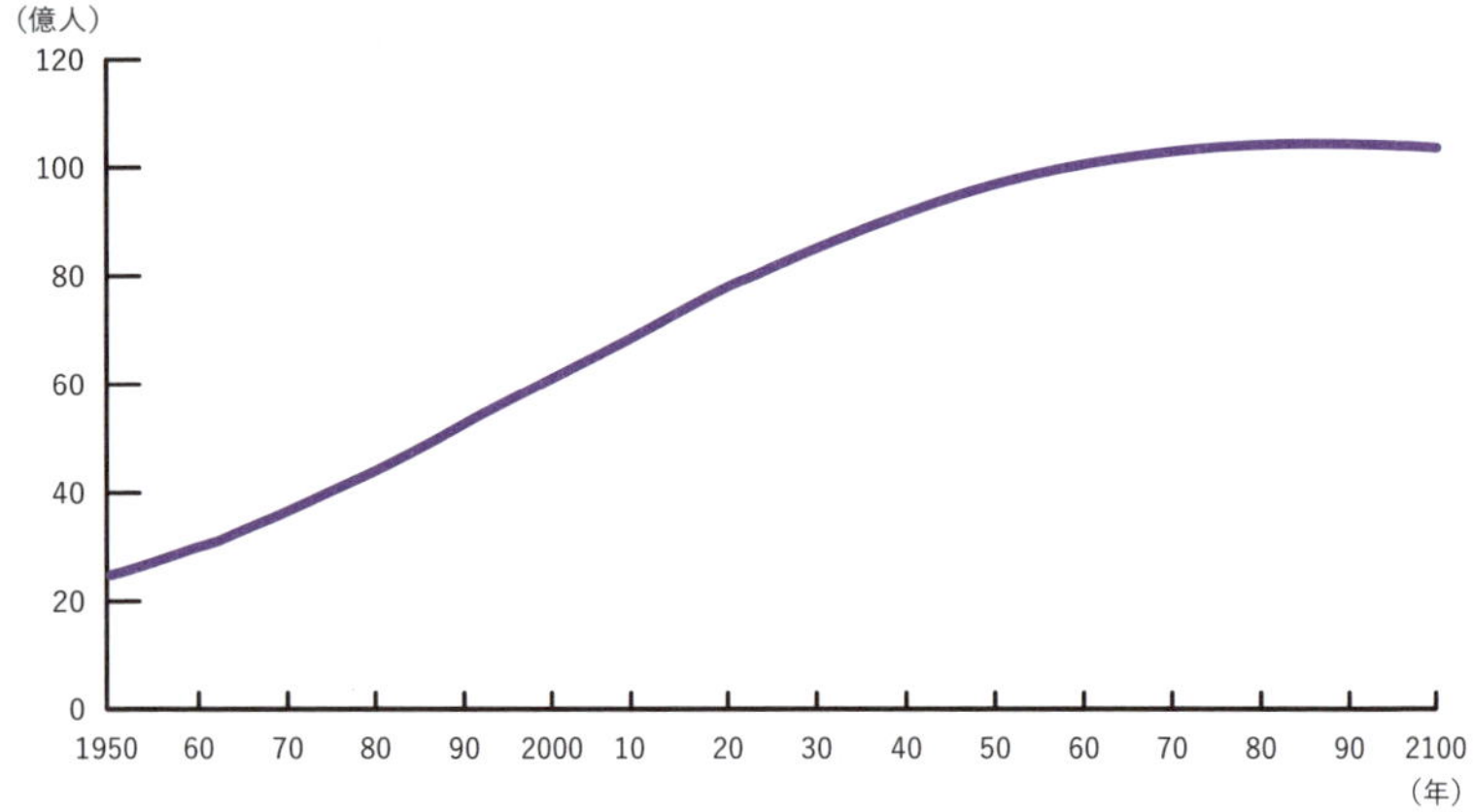

（出所）World Population Prospects, the 2022 Revision

国際連合によると世界人口は22年に80億人を超え、50年には約97億人まで増加すると見込んでいます。**発展途上国は急速に経済成長を遂げており、各国で資源調達が激化するおそれがあります。従来型の大量生産・大量消費・大量廃棄を前提とした「リニアエコノミー」では「プラネタリーバウンダリー（惑星の限界）」を超過する懸念も生まれています。**

加えて地球温暖化も進んでいます。気候変動に関する政府間パネル（ＩＰＣＣ）は２０１１〜20年の世界の平均気温が産業革命前（１８５０〜１９００年）と比べて１・１度上昇していることを報告しています。30年代前半には上昇幅が１・５度に達する可能性も示され、大雨や異常高温など極端気象が増え、自然災害リスクが高まる懸念もあります。

Q
17

M&A

大型M&Aの狙いと今後の動向はどうか。

A

国内ファンドなどによる東芝やJSRの大型買収案が話題になっています。両社は株式を非公開化し、経営を円滑にして企業価値を高める狙いがあります。成長へ向けた企業同士の買収も今後は増えそうです。

大型のM&Aがそろう2023年

2023年、総合電機大手の東芝と半導体材料大手JSRに対する大型の買収案が明らかになりました。東芝は国内投資ファンドの日本産業パートナーズ（JIP）を中心とする国内連合が約2兆円を投じて買収する見通しです。JSRも政府系ファンドの産業革新投資機構（JIC）が約1兆円で買収します。東芝に対しては8月に株式公開買い付け（TOB）が開始されました。JSRにも12月下旬をめどに、TOBが実施される予定です。

いずれも国内の投資ファンドが買い手となる2つの買収計画ですが、企業側の狙いはどこにあるのでしょうか。

まず東芝から見ていきます。東芝の狙いは、複数の物言う株主（アクティビスト）に東芝の株式を手放してもらい、経営を安定させて成長シナリオを描くことにあります。

東芝は15年に不正会計問題が表面化し、米原発子会社での巨額損失も加わって経営危機に陥りました。17年には海外ファンドなど複数のアクティビストに対して株式を発行し、約6000億円の資金を調達しました。

ところがその後、東芝の経営は短期的な利益を追求する傾向もあるアクティビストに振り回される状況が続きました。東芝は複雑な株主構成を整理し、経営を安定させるためにJIPの買収

株式公開買い付け（TOB）「Take Over Bid」の略。企業の経営権取得などを目的にして不特定多数の株主から市場を通さずに株式を買い集めること。

2023年に公表された主なM&A

買収側	被買収側	金額
JIPなど	東芝	約2兆円
JIC	JSR	約1兆円
アステラス製薬	アイベリック・バイオ（米）	約8000億円
キリンHD	ブラックモアズ（豪）	約1700億円
ゼンショーHD	スノーフォックス・トップコ（英領ガーンジー）	約870億円

案を受け入れました。

続いてJSRです。JSRがJICの傘下に入る狙いは、半導体市場における投資規模の拡大に対応するため、同業他社とのM&A（合併・買収）などによる再編を進めることです。東芝とは状況が違いますが、JSRもアクティビストが大株主です。事業再編を目指すなかで、株式非公開化で意思決定を円滑にします。

半導体サプライチェーンの強化に力を入れる政府がJSRの買収を後押ししました。JSRには先端半導体の微細化に必要なフォトレジスト（感光材）の技術があります。JSRなどが事業再編などを通じて競争力を上げることで、半導体素材の分野で世界的に高いシェアを持つ日本の地位を維持し、さらに高められる可能性があります。

M&A（合併・買収）　英語の合併と買収（Mergers & Acquisitions）の略語。

全体的に見ると日本、世界でも減少傾向

大型のM&A案件が目立つ23年ですが、全体では動きが鈍っています。M&A助言のレコフによると、23年1~6月に公表された日本企業が関連するM&Aの件数（出資も含む）は1934件と、過去最高を記録した前年同期から276件（12・5％）減りました。一方、金額は8兆224億円と東芝やJSRの案件の寄与が大きく、前年同期から19・7％増えました。

M&Aの件数が減った背景には、景気の先行き不透明感や海外の金利上昇などがあります。件数ベースで全体の8割弱を占める国内企業同士のM&Aは、前年同期から15・5％減りました。海外勢による日本企業のM&Aも15・1％の減少でした。

国内企業による海外企業のM&Aは6・7％の増加となりました。このうち金額トップはアステラス製薬による米バイオ医薬品アイベリック・バイオの買収です。アステラスの企業買収では過去最高額となる約8000億円を投じます。注力分野の眼科領域で新薬を取得する狙いです。

成長機会を求めて海外企業などを買収する動きは今後増える可能性もあります。

東京証券取引所は23年3月、上場企業に「資本コストや株価を意識した経営」を要請しました。現金などの金融資産を必要以上に持っていたり、財務体質に余裕があるにもかかわらず無借金にこだわったりする企業は、経営が非効率だとして株式市場から変化を求められています。経営資

日本企業が関わるM&A

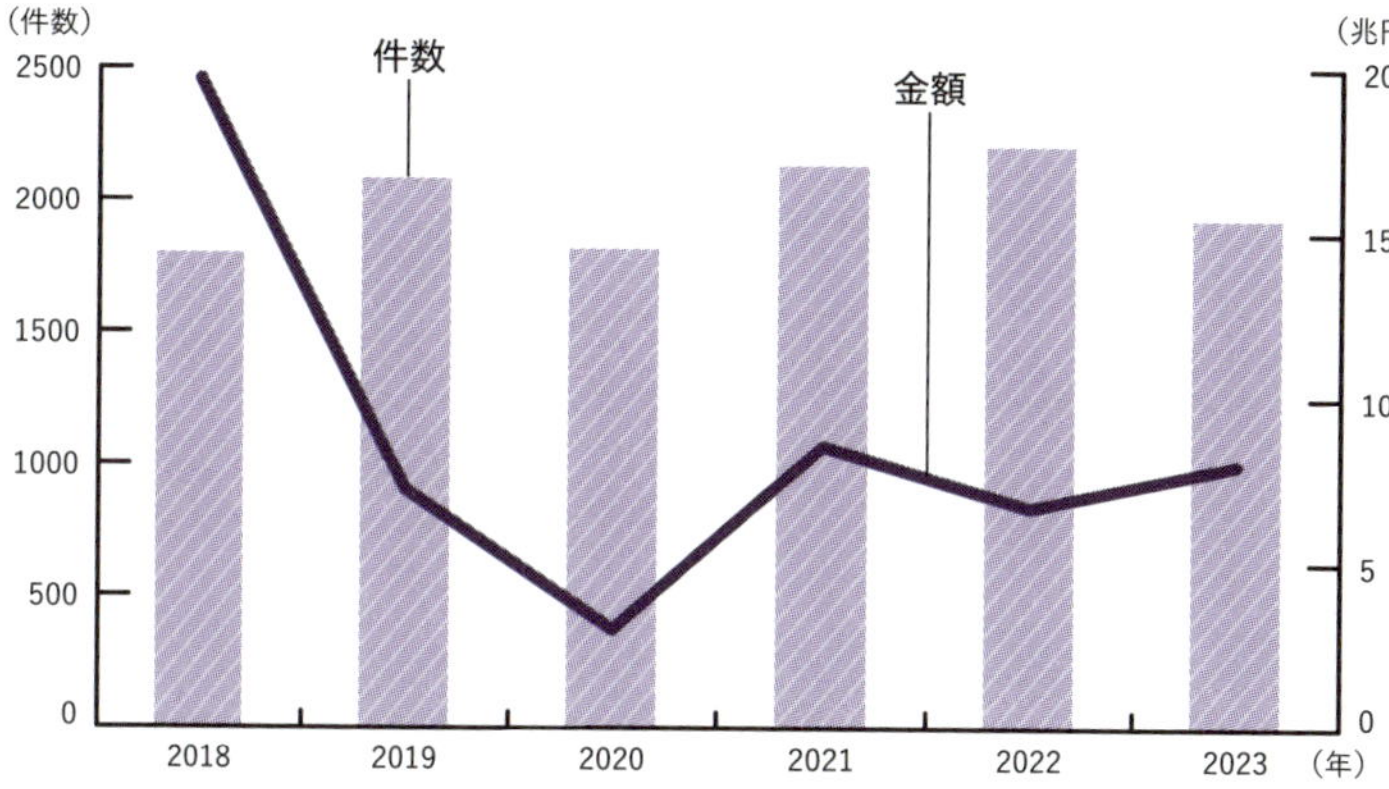

(注) 2023年は1～6月
(出所) レコフ

源を有効活用して成長投資などを進めることの重要性が増しており、M&Aが一つの選択肢になります。脱炭素や業務のデジタル化などにおいても、自社ではすぐに賄えない技術やノウハウ、人材を獲得する手段にもなります。

実際、中期経営計画などでM&A投資を掲げる企業は増えています。例えば電子部品大手の京セラは、25年度までの3年でM&Aや自社株買いなどに4000～5000億円を投じます。総合材料メーカーの日東電工もM&Aなどに3年で1500億円の投資枠を設けました。

手元資金が過去最高水準に膨らみ、今後は資金の使い道が投資評価を分けるカギになります。成長へ向け、時間やコストも「買える」M&Aは、24年も件数や金額が高い水準で推移しそうです。

手元資金　企業が経費や税金、配当などを支払って、最終的に手元に残ったお金。現預金のほか、すぐに売却できる有価証券など流動性の高い資産も含まれる。M&A（合併・買収）や設備投資、株主還元などに比較的自由に使え、この額が有利子負債を上回ると「実質無借金経営」と表現される。

Q

18

働き方

テレワークや副業などの新しい働き方は進んでいるのか。

A

新型コロナウイルス禍の収束などに伴い、企業の間で濃淡も生まれています。働き手は新たな働き方への挑戦に積極的です。

5類移行で減るテレワークと増えるテレワーク希望

コロナ禍の収束に伴い、国内テレワーク実施率は低下傾向にあります。日本生産性本部によれば、最初の緊急事態宣言直後の2020年5月には31・5%でしたが、23年1月には16・8%にまで下がりました。特に23年5月、新型コロナが感染力や重篤化などのリスクが低い「5類感染症」に分類されて以降、オフィス主体の働き方に回帰する企業が増えています。

コロナ下で「原則在宅」だったTOYO TIREは5類移行後、「原則出社」に転換しました。東京海上日動火災保険も7割を目安としていた出社比率を、個人の判断に委ねる運用に変えました。パナソニックホールディングス傘下のシステム開発会社、パナソニックコネクトも7月から原則、週3日以上の出社を求めています。コロナ下で減った対面コミュニケーションを回復させ、チームワークを高める狙いがありそうです。

翻ってみて、働き手にはテレワークの継続を求める声が強くあります。内閣府などが22年10~11月に実施した調査では、テレワーク実施者の86・9%が「テレワークを継続する意向がある」と答えました。理由としては「時間の有効活用」(40・3%)、「通勤の負担軽減」(33・0%)、「好きな場所で働きたい」(15・1%)などが挙げられています。23年のエン・ジャパン(東京・新宿)の調査でもテレワーク希望者は8割を超えました(出社とのハイブリッド含む)。

国内雇用者のテレワーク実施率

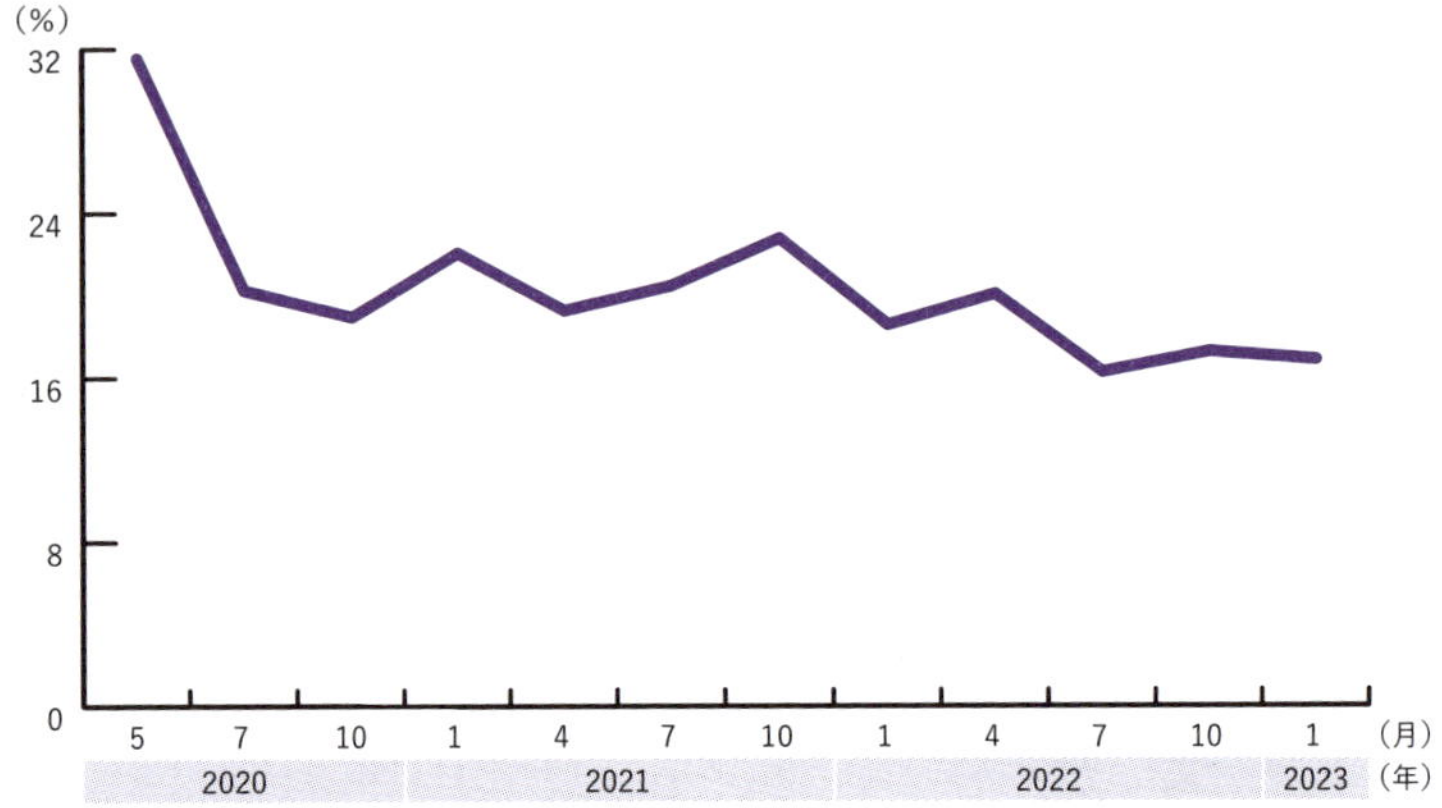

（出所）日本生産性本部「第12回働く人の意識調査」

コロナ禍発生直後、多くの企業で問題になったテレワークによる生産性低下も緩和されつつあります。日本生産性本部の調べでは、「在宅勤務で仕事の効率が上がった」人の割合は20年5月には33・8％でしたが、23年1月には66・7％に倍増しました。テレワークで使用するビデオ会議システムなどに、多くの働き手が習熟したことも背景にありそうです。

一方、引き続きテレワークの活用に積極的な企業も少なくありません。代表はＮＴＴグループです。22年7月から「リモートスタンダード制度」を導入。それ以前にあった「勤務場所から片道2時間以内」という居住地の制限をなくし、テレワークを活用することで、働き手が住む場所を自由に選べるようにしました。当初2万9000人だった制度の対象者は、23年4月時点で4万3000人に拡大。制度導入後半年で800人以上が単身赴任を解消するなど、「ワーク・ライフ・バランス」の改善効果も出ています。富士通やヤフーもテレワークを標準とする働き方を変えていません。

働き方の変化が副業増加につながる

コロナ禍をきっかけに増加した働き方には副業もあります。テレワークの定着で不要になった通勤時間を副業に充てる人が多いようです。リクルートが22年に実施した調査では、副業をしている人の割合は9・9％で、4割が「コロナ禍が副業実施のきっかけになった」としています。

特に増えているのが、数時間単位の超短期雇用で働く「スポットワーカー」です。タイミー（東京・港）など主要仲介事業者4社の個人会員の単純合計は、23年5月に約1100万人に達し、コロナ前から倍増しました。3～4割が正社員として勤めながら副業で働く人と見られ、人手不足の飲食業などで重要な戦力となりつつあります。

従来、働き手に本業への集中を求めていた企業の間でも副業を解禁する動きが広がります。**経団連が22年7～8月に実施した調査では従業員5000人以上の大企業の66・7％が副業を認めており、その比率はコロナ前の19年から20ポイント上昇しました。政府が18年、モデル就業規則を改定して、副業を奨励する方向に転換したことも影響しています。**

副業　一つの就業先だけで働くのではなく、複数の会社と契約を結んで働くこと。総務省は副業を「主な仕事以外に就いている仕事」と定義し、中小企業庁は「一般的に収入を得るために携わる本業以外の仕事」としている。

ワーク・ライフ・バランス　仕事と生活の調和。

社員の副業を認めている大企業の比率

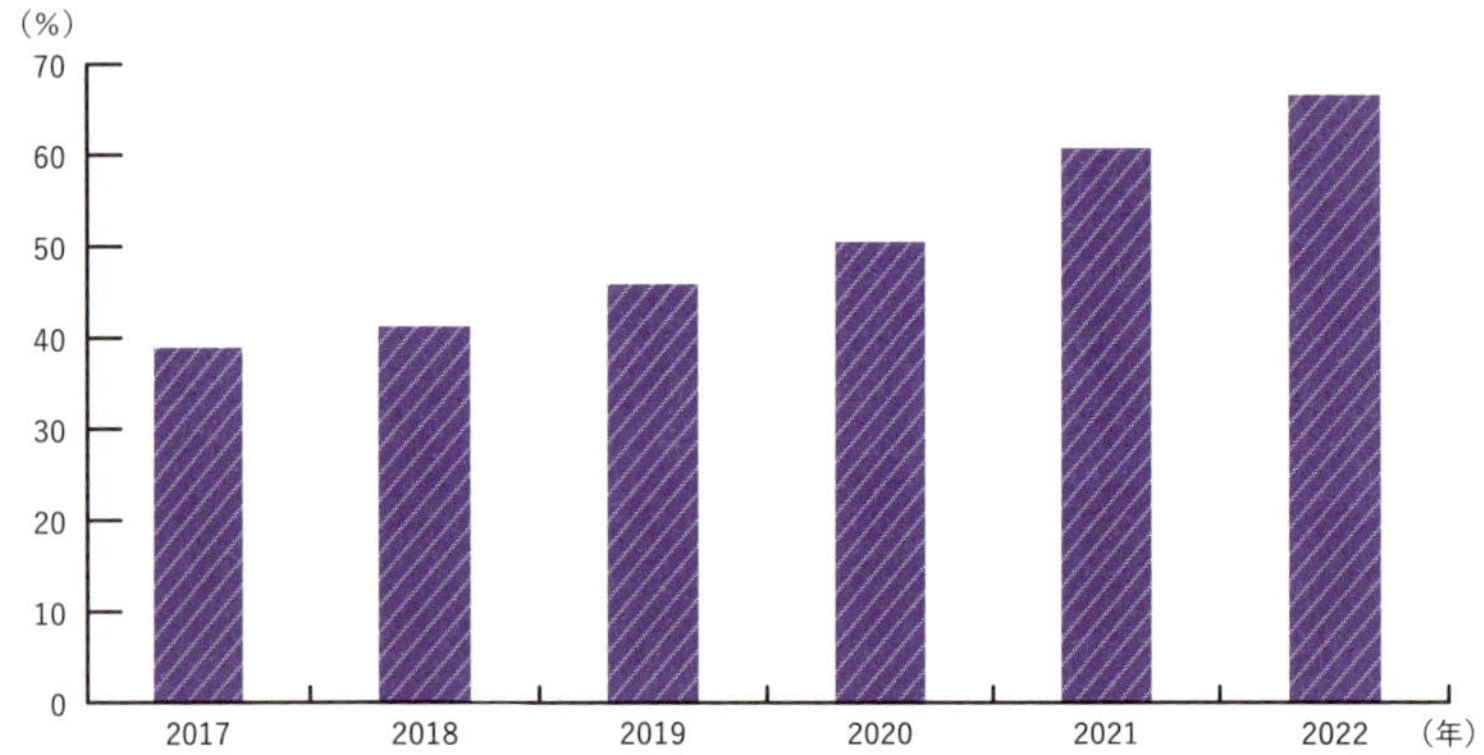

(注) 常用労働者5000人以上の企業が対象
(出所) 経団連「副業・兼業に関する調査結果」(2022)

経団連が、副業を認めている企業にその効果を尋ねたところ、39%が社員の「自律的なキャリア形成」を、18・5%が「本業で活用できる知識・スキルの習得」を挙げました。副業を単に容認するだけでなく、人材開発に積極的に活用しようとする企業もあります。三井物産は23年から本人のキャリア形成に役立つことを条件に副業を解禁しました。報酬だけが目的の場合は対象外で、コンサルタントや大学講師など専門性の高い職種を想定しています。

経団連の調査では、社員の副業を認めている企業の比率は業種ごとにばらつきもあり、建設業やサービス業が3～4割台にとどまる一方、金融・保険業や不動産業は7～8割台です。社員の健康管理や情報漏洩対策などの課題も多く、企業は試行錯誤を進めています。

Q

19

人材活用

職場でのダイバーシティやリスキリング導入は進むのか。

A

日本の職場でのダイバーシティ（多様性）確保はまだ発展途上です。女性の活躍推進も世界からは大きく遅れています。多様な人材の活用を進めるために効果的なリスキリングがより一層必要となるでしょう。

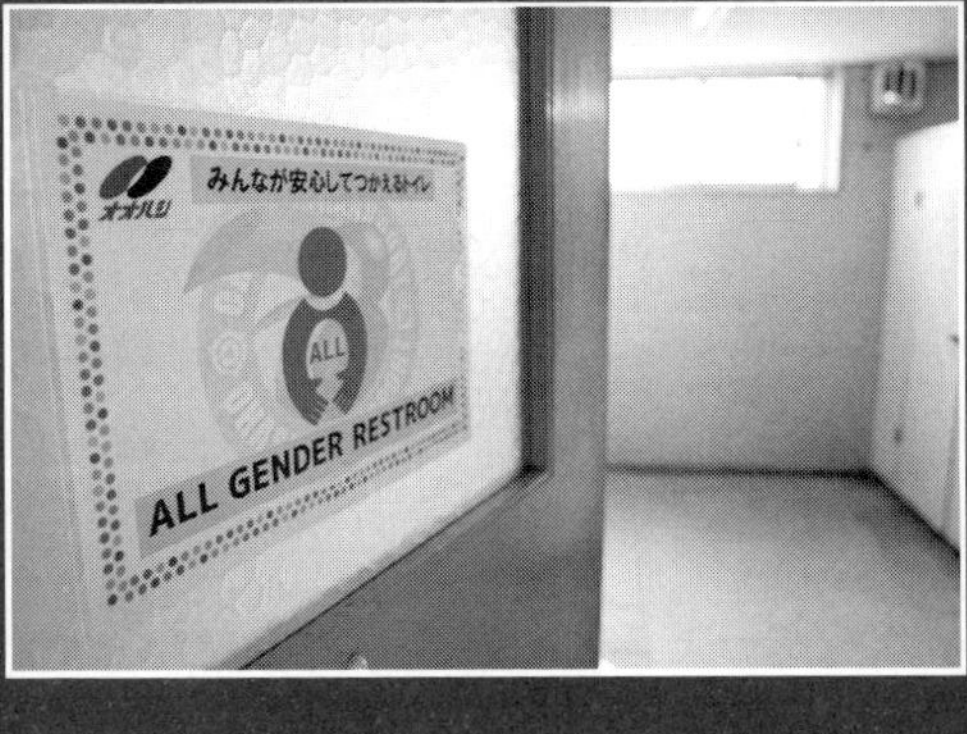

職場の多様性確保はまだ途上、女性登用も世界から出遅れ

2023年7月、多様性を確保する職場の環境づくりを後押しする、画期的な判決が最高裁判所で下されました。性同一性障害の経済産業省職員が女性用トイレの使用を制限されたことを巡り国の対応は違法と判断したのです。今後企業などの職場は働き手の事情を勘案し、最適な解決策を探る努力が一段と求められることになります。

ただ、足元の環境整備は進んでいないのが実態です。日本経済新聞社がまとめた22年の「スマートワーク経営調査」でダイバーシティを推進するための施策のうち、LGBT（性的少数者）への対応を聞いたところ、無回答が4割にのぼりました。対応の態様としては、従業員や管理職への研修実施が4割、ロッカーやトイレなど社内設備への配慮は3割にとどまりました。LGBTへの対応を答えることすらできない企業が多く、その対応もまだまだ不十分な実態が浮き彫りになりました。

女性の登用も道半ばです。「データブック国際労働比較2023」によると、就業者に占める女性の比率は21年時点で44・7％と前年から0・2ポイント上昇しました。米国の47％やドイツの46・8％など主要国と大きな差はありません。一方で、管理職になると13・2％と大きく落ち込み前年比0・1ポイント減となりました。女性管理職比率は米国の41・4％、シンガポールの

ダイバーシティを推進するための施策

	LGBTへの対応
従業員に対して研修を実施	44.4%
管理職に対して研修を実施	43.3%
採用書類への配慮	25.8%
性別移行に対する支援（休業認定など）	8.9%
通称使用や戸籍と異なる性別での処遇を認める	22.5%
家族手当や休暇対象を同性パートナーに広げる	19.2%
社内設備（ロッカー、トイレ等）への配慮	33.3%
無回答	40%

（出所）日本経済新聞社「スマートワーク経営調査2022」

38・1％と大きな差があります。

役員級はさらに深刻です。ガバナンス助言のプロネッド（東京・港）によると、22年時点の上場企業（東証プライム上場1829社）の社内女性役員比率は前年比0・1ポイント増（前年は旧東証1部上場2186社対象）の1・5％にとどまりました。女性活躍推進を含め人材の多様性確保が重要とされながらも、企業の取り組みは加速していないのが実態のようです。

世界経済フォーラム（WEF）が23年6月に発表した「ジェンダー・ギャップ指数2023」でも厳しい現実が突きつけられました。男女平等がどれだけ実現できているかを数値化したジェンダー・ギャップ指数で、日本は146カ国中125位と過去最低の順位となったのです。なかでも遅れていたのが政治と経済の分野です。

政治は138位、経済は123位でした。実は教育分野は47位と比較的高いものの、女性の能力を生かしきれない職場や家庭、社会での男女の役割分担の意識改革などを加速させる必要があります。

ただ、今後取り組みが進まない企業への、投資家などステークホルダー（利害関係者）からの圧力は一段と強まりそうです。上場企業が23年以降に公表する有価証券報告書で、人的資本に関する「戦略」や「指標および目標」の開示が義務化されました。内閣府が22年夏に示した指針には「育成」「多様性」など7分野19項目の開示事項の例が挙げられています。日本経済新聞社が23年6月に公表した主要企業へのアンケート調査では多様性に関する取り組み目標などを定量的に開示する企業の比率が8割を超えました。ただ、低水準にとどまる実態を示しただけでは投資家などの理解は得られません。企業には実態を伴った取り組みが急務といえます。

リスキリング、多様な人材活用で人手不足への対応を

産業のデジタルトランスフォーメーション（DX）化や、脱炭素社会を実現するためのグリーントランスフォーメーション（GX）化を進めるうえで、様々な専門知識や属性を持つ多様な人材の確保は必須です。企業にはただ能力や知識を持つ専門人材の採用を進めるだけではなく、自社に所属する人材のリスキリングの取り組みも求められます。

グリーントランスフォーメーション（GX） 緑転とも呼ばれる。温暖化ガス排出を実質的になくすカーボンゼロの取り組みなど脱炭素を軸に経営を刷新することを指す。企業価値の一つになっている。

Q 19 人材活用

世界における日本のダイバーシティは過去最低水準に

1	アイスランド	15	英国
2	ノルウェー	16	フィリピン
3	フィンランド	43	米国
4	ニュージーランド	49	シンガポール
5	スウェーデン	74	タイ
6	ドイツ	87	インドネシア
7	ニカラグア	105	韓国
8	ナミビア	107	中国
9	リトアニア	125	日本
10	ベルギー	131	サウジアラビア

（出所）世界経済フォーラム「ジェンダー・ギャップ指数2023」

特に日本の労働力で比重を増すシニアへの取り組みは待ったなしの状況です。国立社会保障・人口問題研究所の将来推計人口によると、75歳未満の総人口に占める60代の比率は25年に15％で、40年には20％に迫ります。絶対的な人手不足の時代が到来するなかでシニアの労働参加に期待が高まります。

企業がシニアへのリスキリングを実施し、生産性向上の取り組みを進めれば、シニア人材の活用がよりスムーズに進みそうです。

政府は成長産業への労働移動を促そうとリスキリング支援に5年間で1兆円を投じる方針を示しています。転職市場の活性化もあいまって、個人のリスキリングへの意識も高まっており、人的資本投資の観点からもリスキリングへの取り組みは今後も加速しそうです。

第3章

金融状況を理解する

Q

20

為替

円安はいつまで続くのか。

A

当面の間は円安が続きそうです。米国の利下げへの転換が見えてくれば、円安基調に歯止めがかかる可能性があります。

広がる金利差、円安傾向が続く

外国為替市場で円安傾向が続いています。2021年末時点（1ドル＝115円前後）と比べると30円程度、22年末時点と比べても15円程度円安・ドル高の水準です。一度は円高方向への値動きが発生してもなかなか定着せず、すぐ円安方向に戻ってしまいます。

なぜこれほど円安傾向が続いているのでしょうか。

まず為替市場では金利の高い国の通貨が買われやすいという特徴があります。金利の高い国で運用した方が、収入が多くなるためです。金利の高い国の通貨が人気になり、相対的に金利の低い国の通貨には下落圧力がかかりやすくなります。

23年8月時点で、米国の政策金利の指標であるフェデラルファンド（FF）金利は5・25～5・5％と22年ぶりの高水準となっています。米連邦準備理事会（FRB）が国内のインフレを鎮圧するために記録的なペースで利上げをしています。長期金利は4％前後で、21年末比では2・5％ほど上昇しました。

これに対し、日本では日銀が長期金利が上がりすぎないように国債の買い入れを続けています。植田和男総裁のもとで長期金利の上限を事実上0・5％から1％に引き上げることを決めましたが、短期金利のマイナス金利政策は続けています。欧米と比べると緩和的な金融環境を維持して

日米金利差の拡大と円安の進行が連動

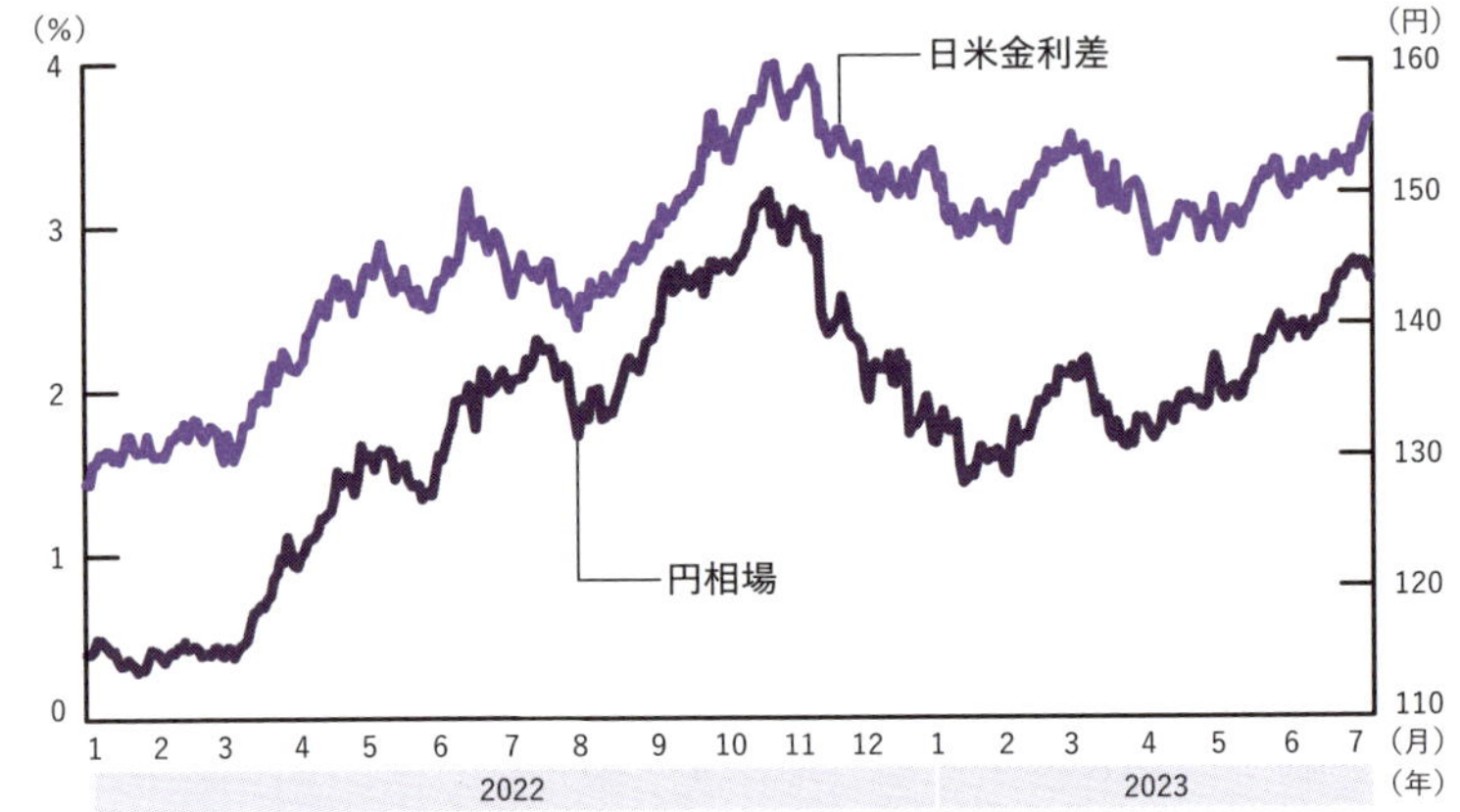

(注) 日米金利差は米長期金利から日本の長期金利を引いて算出

いるといえます。

このため米国と日本の長期金利の差は3・5%ほどまで開いています。22年10~11月ごろの水準にこそ及ばないものの、長い目で見るとおよそ21年ぶりの金利差になっています。日米の金利差が拡大した状態が続くことを見越して、円を売ってドルを買う投資家が増えています。

円安は対ドル以外でも進んでいます。

対ユーロでは一時1ユーロ=158円台をつけ、15年ぶりの安値となりました。対スイスフランでも変動相場制移行後の最安値をつけました。欧州中央銀行(ECB)など、欧州の中央銀行(中銀)も積極的に利上げをしており、日本との金利差は拡大基調にあるためです。

裏を返すと、日銀が金融緩和をさらに縮小したり、海外の中銀が利下げを始めたりした場合は円高・ドル安方向に転じる可能性があります。

まず日銀は、植田総裁がマイナス金利政策の解除にはまだ時間がかかるとの認識を示しています。市場でもマイナス金利の解除は早くても24年前半になるとの予想が優勢です。そうすると、やはり海外中銀の動向が円安継続のカギを握ることになるでしょう。

そのなかでもFRBは、23年中は利下げに転じないという方針を強調しています。「高めの金利を長めに保つ」というのがキーワードで、インフレ抑制のため、景気をそこそこに冷え込ませることを狙っているのです。

FRBは23年末のFF金利が5・6%、24年末が4・6%になるという見通しを示しています。つまり、24年のどこかでは利下げに転じるということです。債券市場ではFRBの利下げに先んじて米国債を買う動きが広がり、金利には低下圧力（価格には上昇圧力）がかかりそうです。こうなると日米の金利差が縮小し、円安基調にも歯止めがかかると予想されています。

外貨需要が高いため、円相場は戻らない見通し

ではどの程度まで円相場は上昇するのでしょうか。

通貨を売買しているのは、投資家だけではありません。企業も稼いだ外貨を円に替えたり、海外への支払いのために円をドルに替えたりしています。

貿易赤字も円安の要因になっている

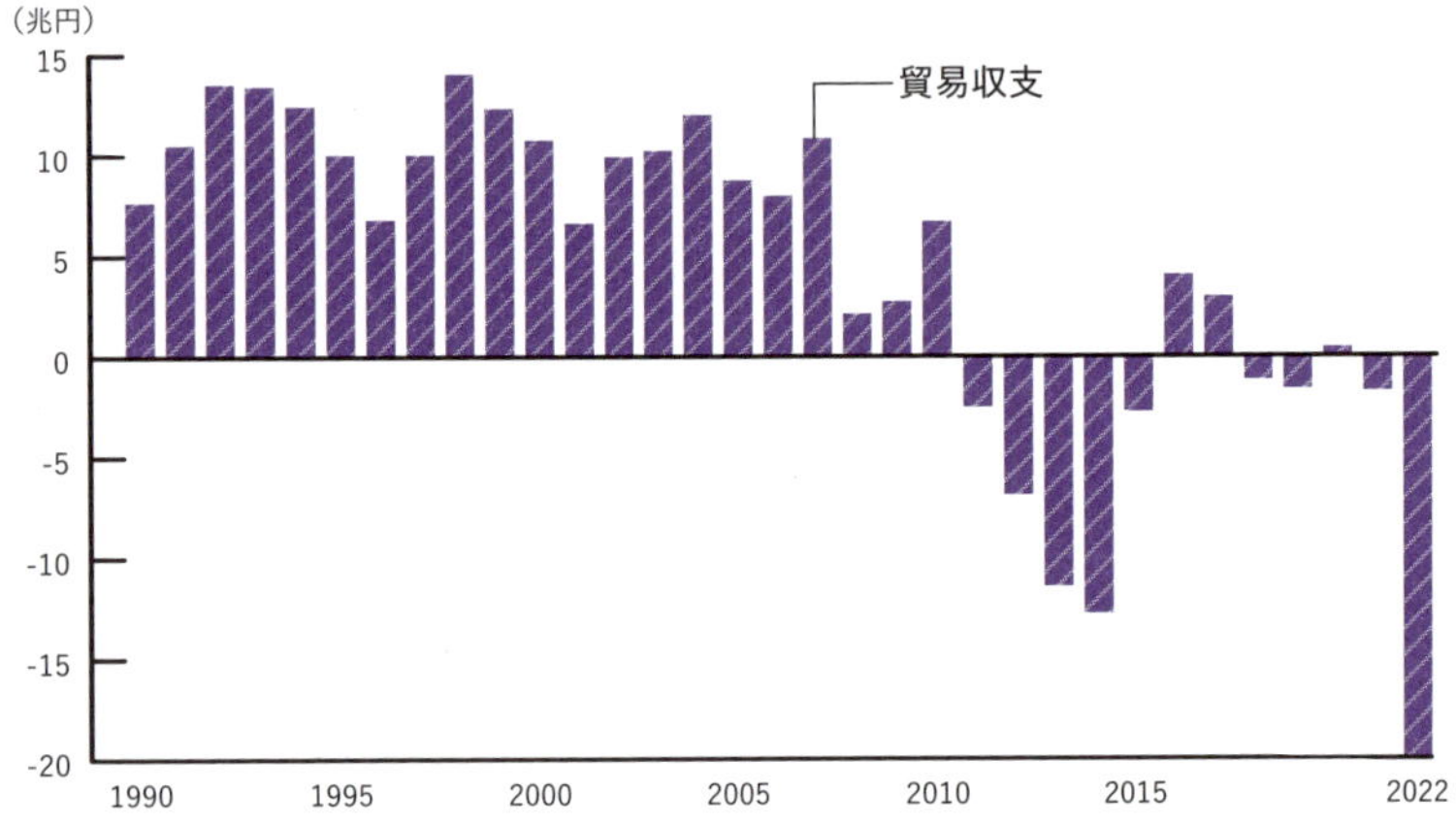

（出所）財務省

円相場を占ううえで重要なのは、日本が貿易赤字になってしまっているという点です。財務省の貿易統計によると、22年は20兆円に迫る貿易赤字となり、この金額は過去最大になりました。23年も貿易赤字となる可能性があります。

貿易全体で見ると、輸入金額が輸出金額を上回る状態になっています。つまり円をドルなどの外貨に替える需要が、外貨を円に替える需要を上回っているということです。こうした円売り・ドル買い需要は根強く存在しており、円の上値を重くする要素として働きます。

23年上半期で最も円が高くなったのは１月の１ドル＝１２７円でした。貿易赤字の定着などを考えると、21年末の１１５円の水準まで円の価値が戻る可能性はそれほど高くないと見られています。

Q

21

日銀

日銀総裁の交代で金利はどう動くのか。

A

日銀の金融政策が変われば、金利は上昇に向かうでしょう。ただ、米欧ほどのダイナミックな動きは期待できそうにありません。

Q 21 日銀

10年ぶりの総裁交代で日銀政策にも変化が

1年以下の金利を短期金利、1年超の金利を長期金利と呼びます。長期金利の指標となるのが、10年物国債の利回り（金利）です。国債の市場価格が上がれば金利は下がり、逆に価格が下がればその分だけ金利は上がるという関係にあります。

日銀は現在、短期金利をマイナス0・1％に、長期金利をゼロ％程度に抑えつける長短金利操作（イールドカーブ・コントロール、YCC）と呼ばれる政策を採用しています。債券市場で大量の国債を購入する（国債の価格を引き上げる）ことで、長期金利を一定水準以下に下げているのです。

金利が下がれば、その分だけお金を借りようとする人が増え、経済にとってはプラスになります。経済を活性化することで物価を押し上げ、デフレ脱却を確実にすることが日銀の狙いです。

2023年4月、日銀のトップである総裁が10年ぶりに交代しました。**現在の金融緩和政策を導入した黒田東彦氏が退任し、代わりに学者出身の植田和男氏が就任しました。金融市場では、大規模緩和の象徴だった黒田氏がいなくなることで、金融政策にも大きな変化があるのではないかとの観測が広がっています。過去に縛られる必要のない植田総裁であれば、金融緩和の縮小にも動きやすいというわけです。**

長短金利操作（イールドカーブ・コントロール、YCC）
国債は満期までの期間ごとに金利が異なる。その金利をつないだものが利回り曲線（イールドカーブ）で、曲線全体の操作を目指す日銀の金融緩和策のこと。

日本の長期金利の上昇は限定的

（日米10年債利回り）

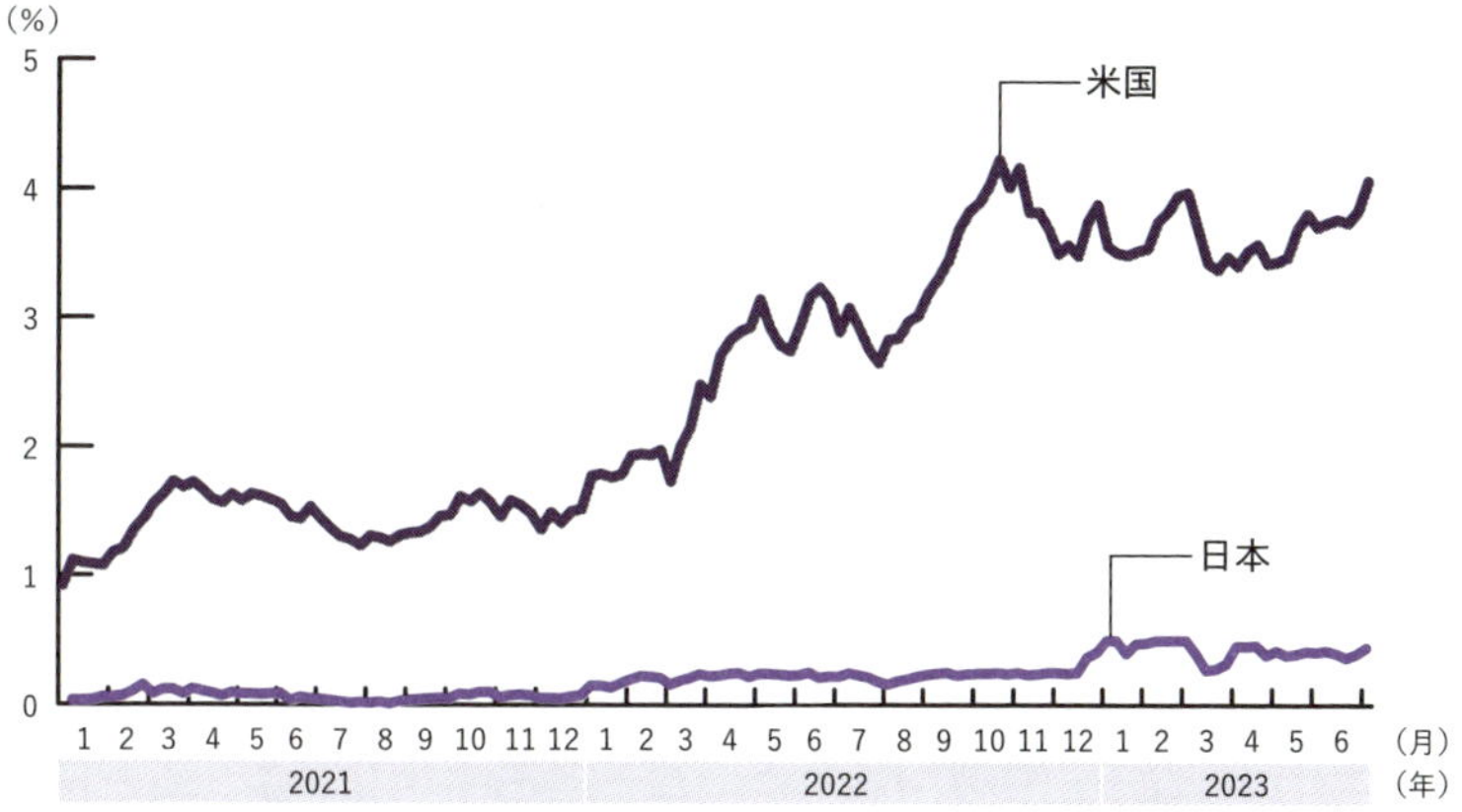

果たして植田総裁はどのように動くのでしょうか。カギになるのが、物価の動きです。日銀の最大の役割は物価を安定させることで、物価上昇率を２％にすることを目指しています。日本の物価上昇率が安定的に２％程度に保たれ、もうデフレに逆戻りすることはないと確信できれば、植田日銀は金融緩和の本格的な縮小に動くはずです。

現在の消費者物価上昇率は、日銀が注目する生鮮食品を除くベースで３％台（23年６月時点）となっています。２％よりずいぶん高い水準ですが、日銀は原材料高などの特殊要因がなくなれば、物価は再び２％以下に戻ってしまうと予想しています。物価２％が当面維持されるといえない以上、金融緩和を粘り強く続けるというのが日銀の立場です。

もっとも、日銀のこうした姿勢は変わる可能性があります。値上げの動きはエネルギーや食料だけでなく、サービスなどの幅広い分野に広がっています。物価が上がり続けるうえで重要な賃金も上がり始めました。値上げや賃上げが広がっていけば、物価上昇率は安定的に2%程度にとどまるようになるでしょう。植田総裁も変化が表れ始めていることは認めており、本当にこうした動きが定着するのか、見極めているようです。

金融緩和縮小後に待ち受ける金利上昇

日銀が金融緩和を縮小した場合、金利はどうなるでしょうか。日銀は22年12月に長期金利の上限を0・25%から0・5%に引き上げています。これによって長期金利は0・25%近辺から0・5%近辺まで一気に高まりました。むりやり頭を抑えていた蓋を外せば、金利が上がっていくのは当然でしょう。さらに植田日銀は23年7月、長期金利の事実上の上限を1%とし、0・5%を超えて上昇することを容認しました。

問題は金利がどこまで上がるのか。長期金利は中央銀行が決める短期の政策金利の動向に左右されます。中央銀行が政策金利を持続的に引き上げていくと予想されれば、長期金利は上がっていきます。政策金利がこれから少しは上がるだろうが、その後は景気後退で下がっていくと市場が見れば、長期金利は上がらなくなります。長短金利の逆転が起きている米国は後者の状況とい

日銀の国債保有は増え続けている

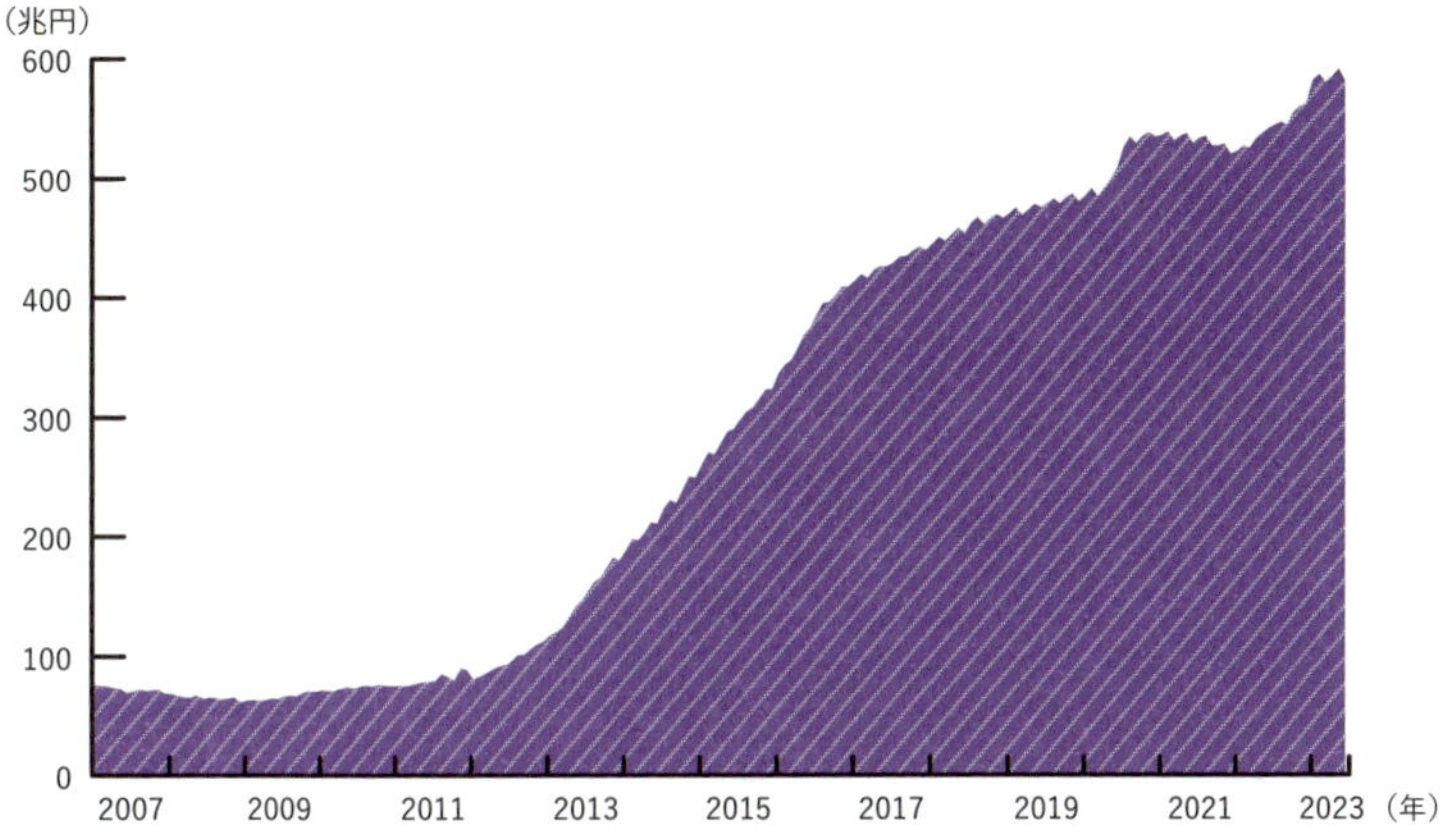

えます。

日本はどうでしょうか。**日銀はYCCの修正（長期金利の上昇容認）とマイナス金利政策の解除（短期金利の引き上げ）を分けて考えており、後者についてはとりわけ慎重です。少子高齢化が進む日本経済の実力は衰えており、長期金利を抑えつける異例の政策は解除できても、短期金利を引き上げていく状況にはなかなか到達できないと見ています。**

短期の政策金利がそんなに上がらないとすれば、長期金利の上昇余地も限られます。市場では長期金利の実力について、せいぜい1％程度という見方が多いようです。急激なインフレなどの不測の事態が起こらない限り、米欧のような金利のダイナミックな変動は考えにくいといえそうです。

Q

22

株価

日経平均株価はなぜ 33年ぶりの高値まで上昇したのか。

A

インフレ鎮圧に苦しむ各国と異なり、物価上昇が賃上げや設備投資の増加という前向きな企業の動きにつながっているためです。

株価上昇の裏に「再評価」

日経平均株価は2023年4月から上昇基調となり、7月3日には1990年3月以来の高値となる3万3753円33銭をつけました。1989年12月29日につけた過去最高値（3万8915円87銭）まで、あと15％の水準まで上昇しました。

原動力は海外投資家の買いです。23年4～6月の買越額は累計で6・1兆円に膨らみ、12年末から始まったアベノミクス相場以来の急速な買いとなりました。当時、海外投資家は15年にかけて累計20兆円強を買い越したものの、その後は日本経済全体や企業の変化の乏しさに期待が剝落《はくらく》し、ほとんど売却していました。

今回、日本株をまず再評価したのは米著名投資家ウォーレン・バフェット氏でした。企業の本質的な価値と比較して株価が割安なら投資する「バリュー投資」で知られ、「投資の神様」とも評されている人物です。バフェット氏が23年4月に来日し、投資先の5大商社の経営陣に会い、一段の投資を示唆したことが日本株への関心を呼びました。

アベノミクスは成果が乏しかったわけではありません。柱の一つだったコーポレートガバナンス（企業統治）改革は、着実に企業の収益力を高めました。

三菱商事の23年3月期の自己資本利益率（ROE）は15・8％と、14年3月期より8ポイント

海外投資家の累計日本株買越額

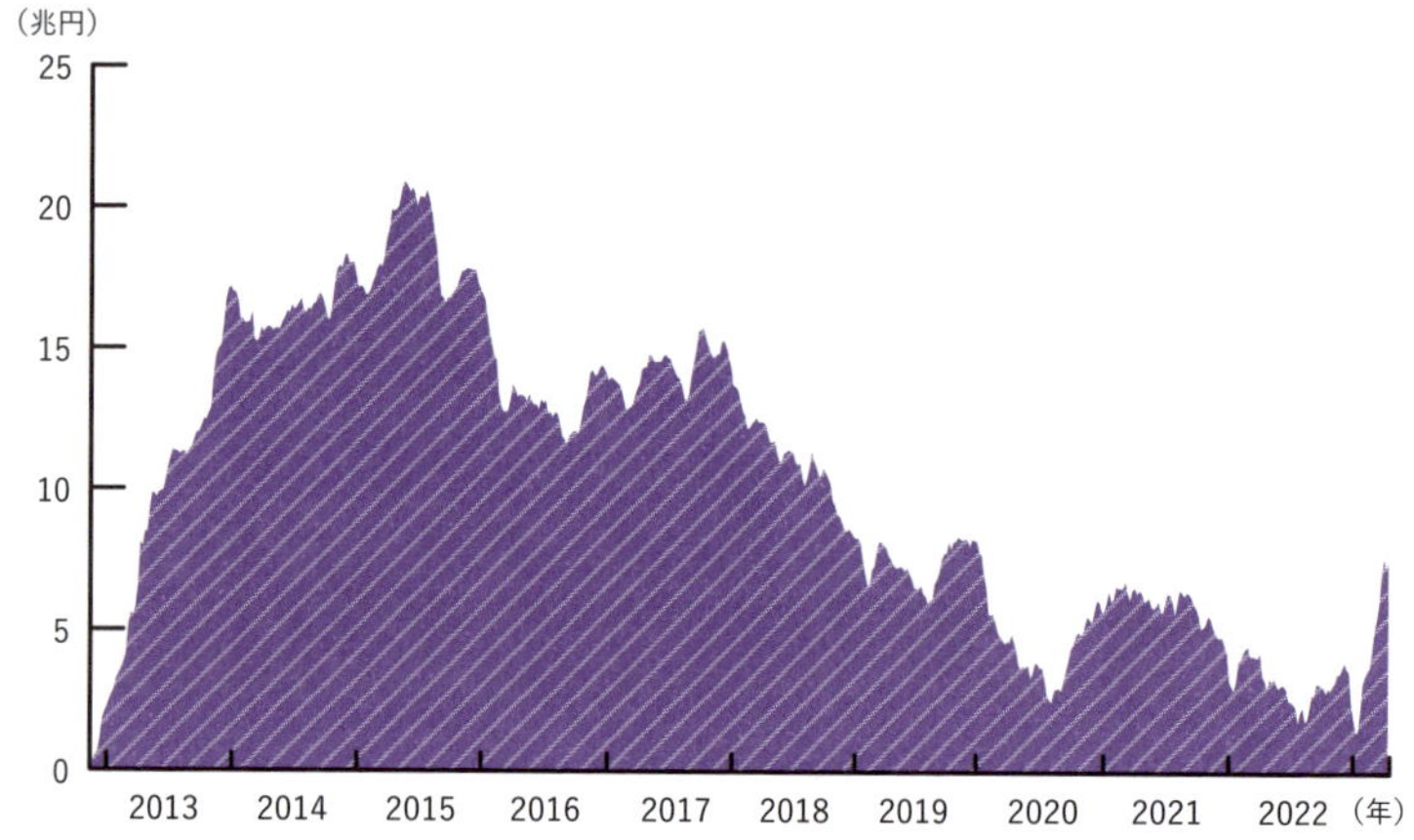

（出所）東証

上昇しました。ROEは、株主が払い込んだ資本や稼いだ利益の蓄積を使って、新たな利益を生み出す力を示します。同社は事業部門ごとに疑似的な資本を割り当ててグループROEを算出し、高めるための施策を進めてきました。

各企業は多角化した事業の取捨選択にも取り組みました。代表例の日立製作所は22あった上場子会社を整理し、デジタルトランスフォーメーション（DX）支援事業に経営資源を集中しています。

かつては言及されなかったキャピタルアロケーション（資本配分）という言葉の広がりが経営の変化を示しています。売上高の伸びや業界内シェアにこだわる経営から、限られた資本をどう成長分野や株主還元に配分するかを重視する経営に変化してきました。デジタルや人工知能（AI）、経済安全保障など変化の激しい時代には、既存事業を伸ばす商品開発力や営業力よりも、有望分野を見極めて果敢に投資する経営力が問われます。

米欧に遅れての新型コロナウイルス禍からの経済回復や、各国が金融引き締めを続けるなかでの緩和継続、中国など地政学リスクを意識したマネーの流れの変化などが合わさって日本経済や日本企業に目が向き、再評価につながりました。株主が求めるリターンである株主資本コストを上回る経営を目指すよう、東京証券取引所が23年3月、企業に資本コストや株価を意識した経営を求めたことも、期待を喚起しました。

日本株買いの行方は経済成長力

もっとも、海外投資家がアベノミクス時の累計20兆円まで買う可能性は低そうです。12年には日経平均は8000円台まで沈み、上場企業全体の株式時価総額は300兆円程度と、国内総生産（GDP）の6割程度まで下がっていました。今回も再評価の局面にあるとはいえ、22年末のGDP対比の時価総額は1・3倍と、12年に比べれば高い発射台からの株高となり海外投資家の買いも限定的となりそうです。GDPと時価総額を比較する手法はバフェット氏が使ったことから「バフェット指数」とも呼ばれます。上場企業が海外で稼ぐ割合が高まったことも比率が高まる要因です。

経済安全保障　国の利益を守るため技術やデータ、製品など経済分野の資源を確保しようとする動きを指す。

バフェット指数はバブル期と並ぶ

（株式時価総額÷名目GDP）

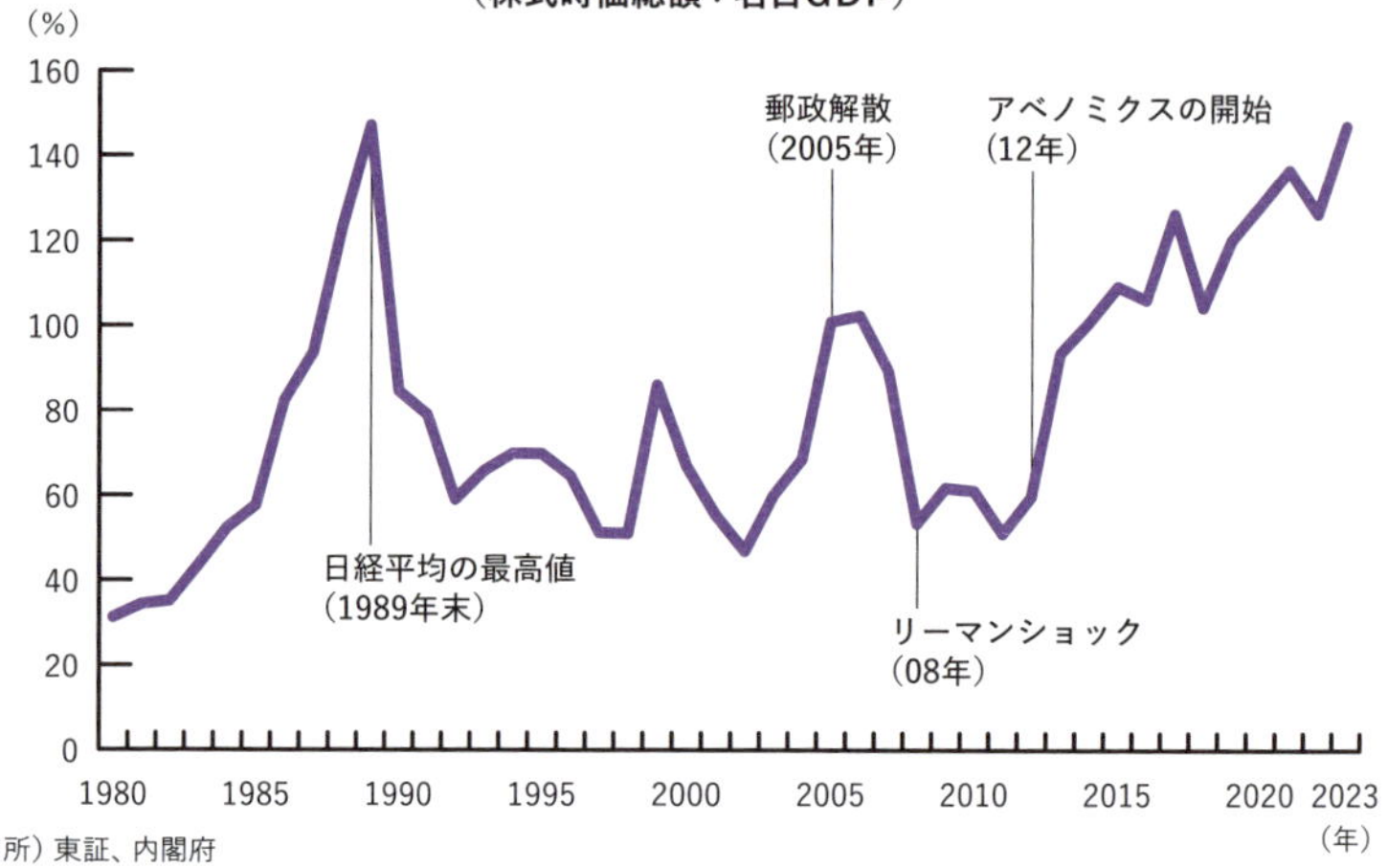

（出所）東証、内閣府

日経平均が最高値を更新するカギは日本経済が脱デフレの芽を育てて成長力を取り戻せるかどうかです。

企業収益が拡大し、賃金も上がって消費も増える好循環になるかは、なお不透明です。上場企業全体の23年3月期の純利益は過去最高だったとはいえ、前期比1％増にすぎません。24年3月期も2％増と小幅増益どまりの見込みです。

24年の春闘で企業は23年に続いて3・58％など高い賃上げを続けるとの見方が強まっています。DXやグリーン関係など国内投資も活発になってきました。人手不足をきっかけにした衰退産業からの人の移動や企業拠点の国内回帰、海外企業による日本への投資などが続けば、海外投資家の一段の日本株買いを呼び込めそうです。

Q

23

NISA

新しいNISA導入にはどのような狙いがあるのか。

A

税制優遇を拡充して「貯蓄から投資」を促す狙いです。制度を使いやすくして投資初心者から経験者まで幅広い利用を呼びかけます。

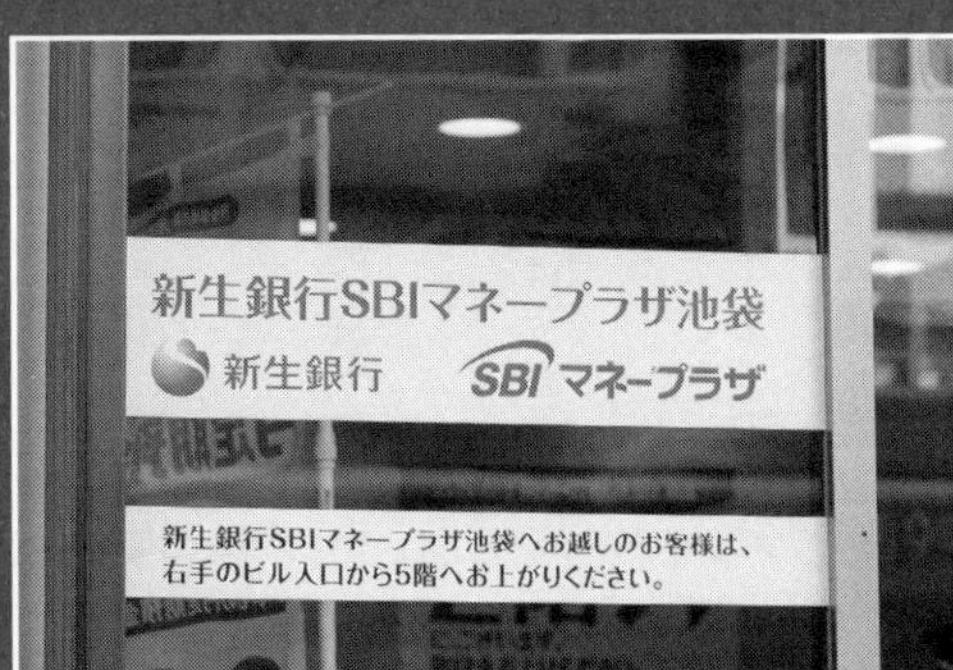

貯蓄から投資に促して資産を増やす狙い

２０２４年1月に新しい少額投資非課税制度（ＮＩＳＡ）が始まります。上場株式や投資信託（投信）を売って利益を得たり、配当・分配金を受け取ったりする際には税金がかかりますが、ＮＩＳＡ口座を使えば課税されません。新ＮＩＳＡは現行制度より非課税枠を増やすなど優遇措置を拡充しました。

岸田文雄政権は資産所得倍増プランを掲げました。新ＮＩＳＡをテコに貯蓄から投資への動きを本格的にしたい考えです。

日本の個人資産は現預金に偏っています。日銀によると、日本は家計金融資産の54％を現預金が占め、株・投信は15％です。一方、米国は現預金14％、株・投信52％です。

米国は株や投信に積極的に投資し資産額を増やしてきました。２０００年から21年までの家計金融資産の伸びを見ると、米国は運用収益で3・4倍になりましたが、日本は1・4倍にとどまりました。

現預金が過半を占める状況を放置していては、米国との家計金融資産額の差は広がっていくばかりです。物価上昇により現預金の価値が目減りするリスクも高まっています。個人の資産所得を増やしていくには、貯蓄から投資を喚起するしかないと政府は考えています。

Q 23 NISA

日米の家計金融資産

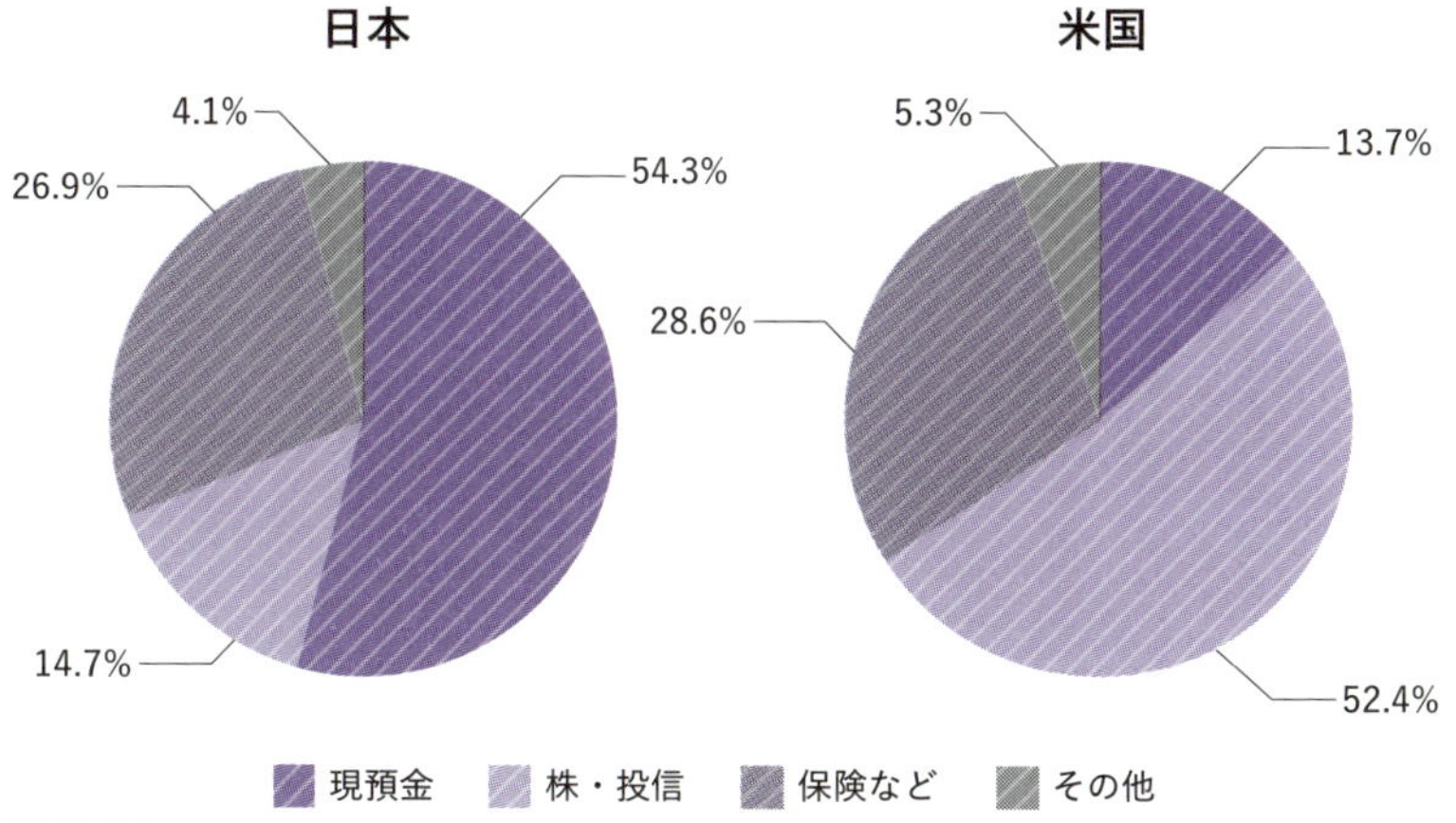

（出所）日銀

個人の投資マネーを株式市場に呼び込んで市場を活性化し、企業の資金調達をしやすくする狙いもあります。企業が成長していけば給与や配当は増えます。そのお金を原資に個人が投資を増やし、さらなる企業成長につなげる循環を生み出そうとしています。

金融リテラシーの底上げが課題

新NISAは現行の「つみたてNISA」を引き継ぐ「つみたて投資枠」と、「一般NISA」の後継にあたる「成長投資枠」の2つの枠からなります。現行制度は2つの枠の併用はできませんでしたが、新NISAは併用を可能にしました。

年間投資枠は最大360万円と、現行制度で

一般NISAを選んだ場合と比べ3倍になりました。一般NISAの非課税期間は5年でしたが、新NISAは無期限です。

つみたて投資枠の購入対象になる投信はつみたてNISAと同じです。投信と上場投資信託(ETF)で約240本ありますが、今後商品数は増える可能性があります。金融庁はつみたてNISAの対象になる条件を厳しく設定し、販売手数料はゼロ、年間手数料にあたる信託報酬を一定水準以下としています。

成長投資枠は投信や株が購入対象になります。株の制限はほとんどありませんが、投信は毎月分配型やレバレッジ型などを対象外にしました。NISAは長期の資産形成を支援する制度なため、運用効率が落ちる毎月分配型や運用成績が乱高下しやすいレバレッジ型は制度の趣旨に合わないという判断です。成長投資枠の対象になる投信は公募投信全体の3分の1ほどの2000本程度になると見られます。投資信託協会がホームページで一覧表を公表しています。

NISA口座は一つの金融機関でしか開けません。現行NISAを使っている人は同じ金融機関のなかに新NISAの口座が自動で開設されます。金融機関を変えることは可能ですが、手続きは煩雑です。これからNISA口座を開く人は長く付き合うことを前提に金融機関を選ぶのが重要です。

投資初心者が数多くの投信のなかから商品を選ぶのはハードルが高いとの指摘もあります。投

上場投資信託(ETF) Exchange Traded Fundの頭文字をとったもので、取引所に上場している投資信託を指す。日経平均株価や東証株価指数(TOPIX)など株価指数に連動するように運用するものが多い。債券や商品を組み入れるタイプもある。通常は上場していない投信に比べて運用コストが低い。

新NISAの概要

	つみたて投資枠	成長投資枠
年間投資枠	120万円	240万円
投資上限額	2つの枠合算で1800万円（うち成長投資枠は1200万円まで）	
非課税期間	無期限	無期限
投資対象	投信	投信、株、REIT

（注）２つの枠は併用可

資の前提になる金融知識が不足している場合もあります。政府は金融経済教育推進機構を設立して、国民の金融リテラシーを底上げしたい考えです。機構は中立的な立場で投資を助言するアドバイザーを認定する役割も担う予定です。

米国は独立系の金融アドバイザーが個人向けに投資を助言しています。アドバイザーは手数料の低いETFなどを使って最適な運用ポートフォリオ（資産配分）を提示します。対価として個人は運用資産額に応じてアドバイザーに手数料を払います。日本では投資アドバイスに対して手数料を払うという慣行が一般的ではありません。そのため、貯蓄から投資を軌道に乗せるには個人の投資相談の担い手をどう育てるか、その報酬をどう設定していくかなど課題があります。

公募投信　投信のうち不特定多数の投資家に向けて募集されるもの。

Q

24

ネット
ビジネス

スマホ決済の普及など、キャッシュレス化はどう進むのか。

A

現金を触らずに支払いを済ませられるキャッシュレス決済の利用が増えています。2022年の同決済比率は過去最高を更新しました。新型コロナウイルスへの感染予防に加え、政府の利用促進策も後押ししています。

キャッシュレス決済の割合が増加

キャッシュレスの手段にはクレジットカード、デビットカード、電子マネー、スマートフォン決済（QRコードなど）などがあります。いずれも「キャッシュ（現金）」を使わずに、買い物や飲食などの支払いを済ませることができます。

キャッシュレス普及の一つのきっかけになったのが、新型コロナの流行でした。感染予防のため、なるべく現金を触らずに済むようにキャッシュレス決済を利用する人が増えたのです。また、銀行のATMやスーパーなどのレジの順番待ちで密になるのを避けたいと考える人が増えました。

政府はもともと2019年10月の消費税率引き上げに合わせ、クレジットカードやモバイル端末を利用したキャッシュレス決済の促進策を打ち出していました。キャッシュレス決済を利用すれば、ポイントを還元するというお得感を売りに消費を下支えする狙いもありました。そこに新型コロナの感染拡大が重なり、キャッシュレスへの需要が高まりました。

普及度合いを確認してみましょう。**経済産業省によると、22年の日本の個人消費に占めるキャッシュレス決済の割合は36％と初めて3割を超えた21年からさらに伸びました。**16年は20％だったことからも、ここ数年で大きく伸びています。政府の利用促進策の効果で、クレジットカードやスマホ決済の一つであるQRコードの利用が伸びています。22年のQRコード決済の回数は前

QRコード決済　記録できる文字や数字の情報が従来のバーコードより圧倒的に多いQRコードと呼ばれるモザイク模様の正方形のコードを使う。自分のアプリに表示するコードを店舗の端末で読み込んだり、店舗が用意しているコードを自分のアプリで読み込んだりして決済する。

世界各国のキャッシュレス決済比率

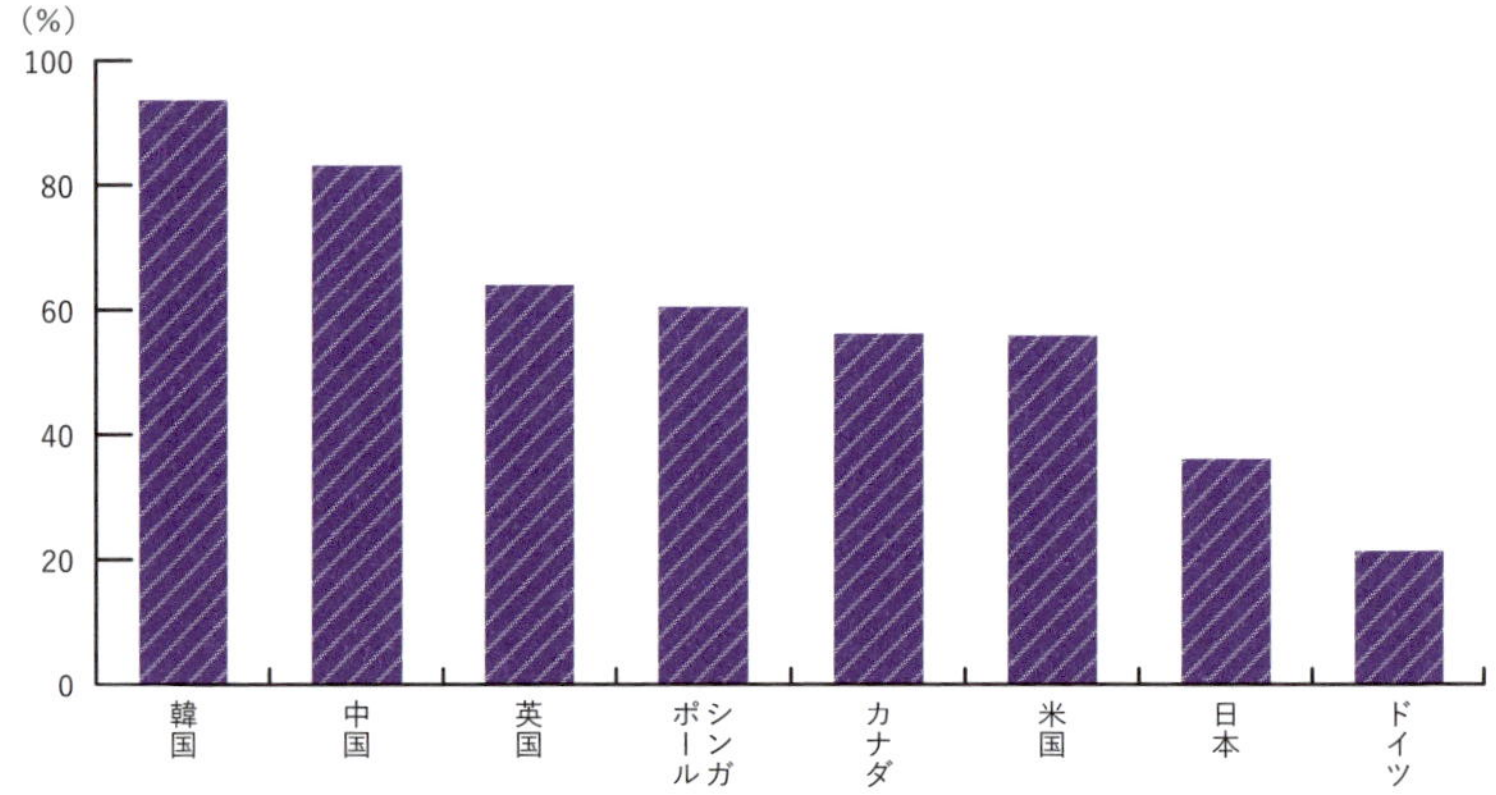

（注）経済産業省やキャッシュレス推進協議会などのデータをもとに作成

年比4割増の約70億回でSuica（スイカ）などの電子マネーを超えました。

とはいえ、海外と比べると、日本は現金信仰の強い国です。韓国はキャッシュレス決済の比率が9割を超え、中国は8割台、米国も5割台となっています。日本は著しく遅れているのが現状で、政府は25年までに40％、将来的には世界最高水準の80％とする目標を掲げています。

22年6月から始まった「マイナポイント」事業第2弾では、ICチップのついたマイナンバーカードを取得したうえで、キャッシュレス決済サービスと紐づければ、最大2万円分のポイントがもらえます。開始後5日間の登録は約340万件と出だしは好調で、政府はポイントの申請期限を23年5月から同年9月まで延期しました。

マイナンバーカード　自治体に申請すれば無料で交付されるカード。2016年に始まったマイナンバー制度に合わせて本人を認証するために導入した。マイナンバーは日本で住民票を持つ人全員に割り振られる12桁の番号で、社会保障や税の分野で関係機関同士がやりとりする際に個人を特定するために使う。

各社の登録者獲得の裏に「スーパーアプリ」

キャッシュレス各社は登録者の確保に躍起です。とりわけ、ペイペイ、楽天ペイ、LINEペイ、d払い、auペイといったQRコードなどを使ったスマホ決済事業者は優遇策を次々と打ち出し、競争は消耗戦に突入しています。大手のペイペイは23年3月期の営業損益で230億円の赤字を計上しました。前年同期の595億円の赤字より減ったものの、先行投資が続く状態です。焦るペイペイは他社のクレジットカードを決済に利用できなくする措置を同年8月から始める予定でしたが、利用者からの批判が殺到して導入まで1年半の猶予を設けると発表しました。

それでも各社が事業を続けるのは、スマホ決済が金融やネット通販など多様なサービスに使う「スーパーアプリ」の基盤になると見ているためです。ペイペイはキャッシュレス決済に収まらず、フリーマーケットやショッピングモール、タクシーの配車サービスなどのサービスを「ミニアプリ」を通じて展開しています。

政府はマイナポイントだけでなく、キャッシュレス普及のための環境整備にも本腰を入れています。重要な役割を果たしたのが公正取引委員会です。銀行間の送金を担う「全国銀行データ通信システム」の高コスト構造にメスを入れ、銀行界は40年以上高止まりしていた手数料の引き下げに動きました。21年10月、全銀システムの銀行間手数料を一律62円と従来の半分近い水準まで

あなたはどちら派？

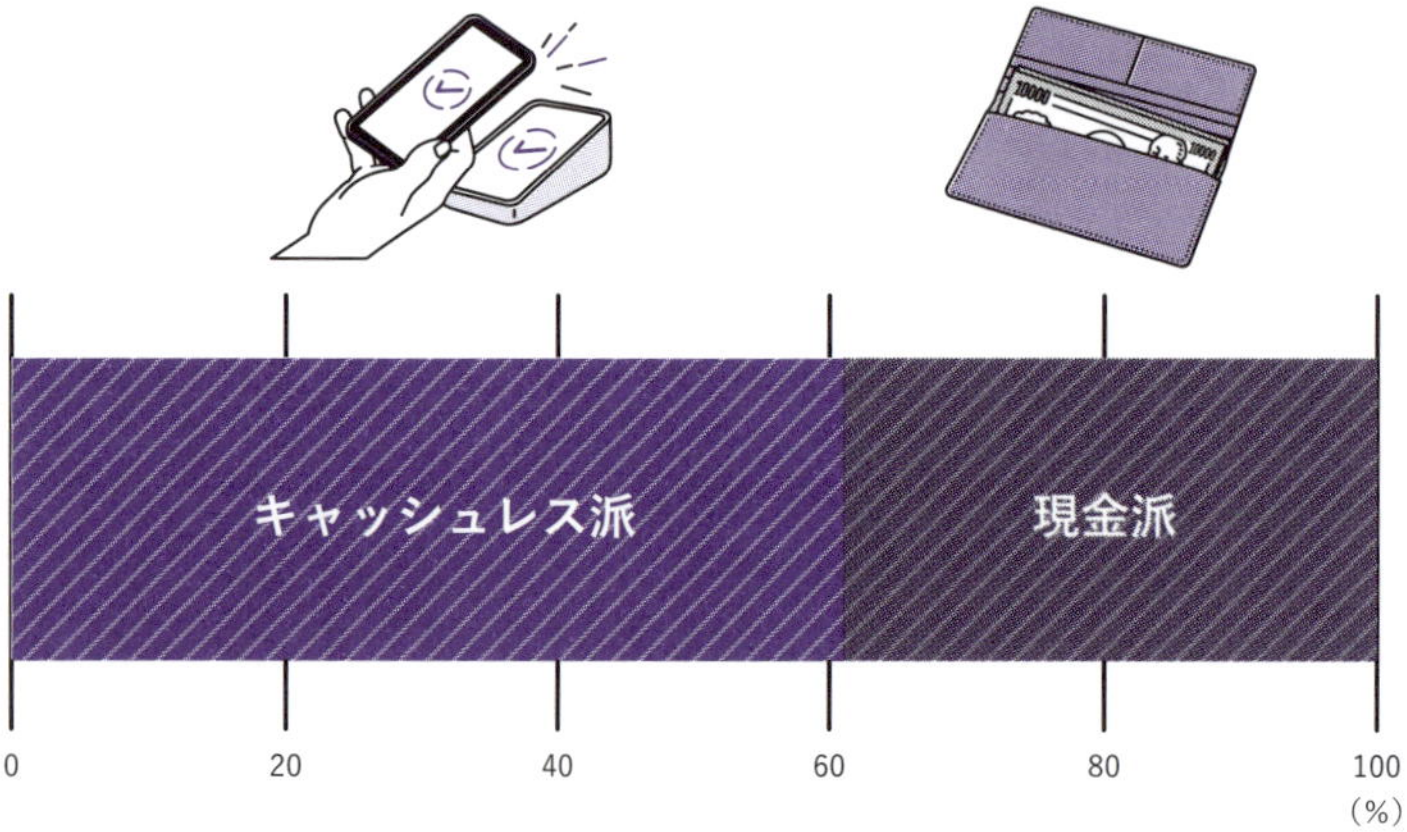

（注）「どちらかというとキャッシュレス派・現金派」も含む
（出所）インフキュリオン「決算動向2023年上期調査」

調整しました。これを受け、メガバンクや地銀などは振込手数料の引き下げを相次ぎ発表しました。事業者にとっては、最大で数百万店規模の加盟店に行う入金の手数料が下がる可能性があり、収益改善に向けた追い風となります。

消費者視点で見ると、キャッシュレスサービスは乱立気味で、どのサービスが使いやすいかわかりにくい面は否めません。23年以降は「ステーブルコイン」という新たなデジタル決済手段も登場してきます。使い勝手がよいことはもちろんですが、不正利用を防ぐ仕組みや不正利用されたときの補償など、安全性や信頼性も高めていく必要があります。

ステーブルコイン　ステーブルは英語で「安定した」という意味で、担保などで価格が大きく変動しないようブロックチェーン（分散型台帳）上で設計する決済手段。

第4章

政策から日本を考える

Q

25

経常収支

日本はこれまで赤字なのか、2023年はどうなのか。

A

日本は海外への投資からの配当金などで経常黒字を稼いでいます。当面は黒字が続きそうですが、産業競争力の強化も必要です。

22年度は貿易赤字も、第1次所得で黒字を確保

「経常赤字」とは日本から外国へ出ていくお金が、外国から国内へ入ってくるお金よりも多い状態です。外国とのモノやサービスのやりとり、投資マネーの出入りなど総合的な取引の状況を示す「経常収支」が赤字であることを意味します。逆に日本に入ってくるお金が多い場合が「経常黒字」です。日本は世界でも代表的な経常黒字国です。

2022年度は日本が経常赤字国になる懸念が生じた1年でした。22年2月にロシアがウクライナに侵攻したことをきっかけに、海外から輸入する液化天然ガス（LNG）や石炭、原油の価格が高騰したためです。米欧の利上げによって日本との金利差が開き、円安が進んだことも輸入額を膨らませました。

結果として22年度は貿易赤字が過去最大の18・0兆円に膨らみました。それでも9・4兆円の経常黒字になったのは、海外からの配当金などにあたる「第1次所得収支」の黒字が35・6兆円あったためです。日本が「投資立国」に変身してきたことが、経常黒字を保つことにつながりました。

経常収支の変遷を振り返ってみましょう。経常収支は①モノの輸出入などに伴うお金のやりとりである「貿易収支」、②旅行などのサービスの取引である「サービス収支」、③外国にお金を投

海外投資からの収益（第1次所得収支）が経常黒字を支えている

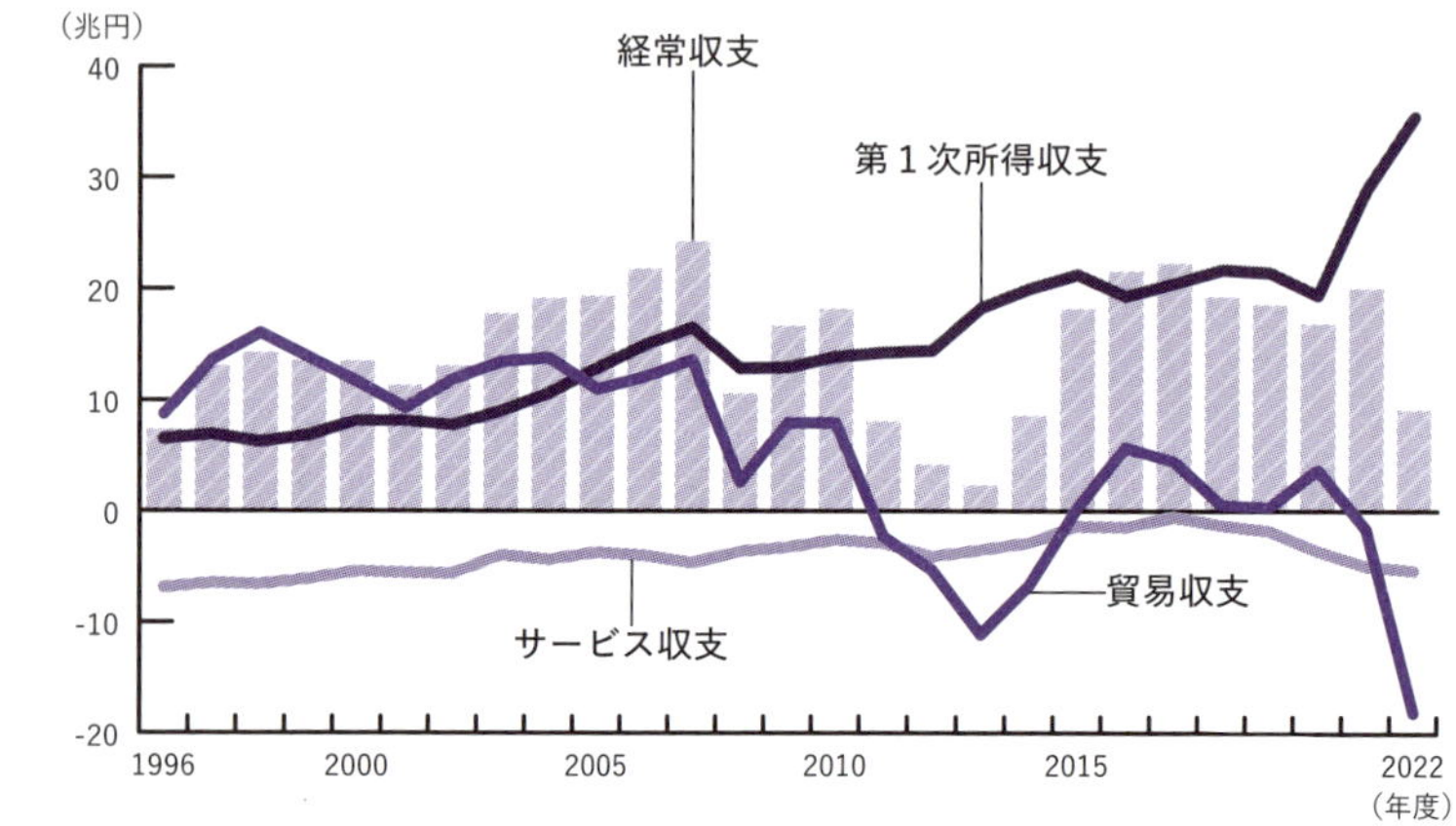

（出所）財務省「国際収支統計」

資して得られる利子や配当などの出入りである「第1次所得収支」、④自然災害に襲われた国・地域に援助の食料や物資を送るなどお金のやりとりが発生しない取引を示す「第2次所得収支」――で構成されています。

戦後長く日本の経常黒字を支えてきたのが貿易黒字でした。しかし、国内メーカーがアジアなどの海外に生産拠点を移したり、力をつけたアジアの企業に市場を奪われたりするなどして日本の輸出産業の競争力は低下し、2000年代以降の貿易黒字は減少傾向になりました。さらに11〜14年度には貿易赤字に転じました。11年3月の東日本大震災後に国内の原子力発電所が相次いで操業停止となり、代わりに石炭やLNGなど火力発電用燃料の海外からの輸入が膨らんだためです。

貿易収支に代わって経常黒字の最大の稼ぎ手となったのが第1次所得収支です。日本企業が国外に移した生産拠点は現地で子会社を設けたり、地元企業と共同出資の合弁企業を設立したりして企業活動を展開しています。日本企業は海外現地企業を買収したり、現地企業に一部出資したりもしています。こうした企業からの配当金などが拡大していることが第1次所得収支の黒字拡大に貢献しています。

貿易黒字が減るなかで経常黒字を支えているもう一つの大きな要素がサービス収支の赤字縮小です。日本はサービス業の競争力が弱いうえ、旺盛な海外旅行の需要もあって国外へ流出するお金が多く、サービス収支は赤字が続いてきました。コロナ禍に見舞われる前は外国人観光客が増え、サービス収支の赤字が縮小していました。

外国人の入国に一定の制約が残った22年度のサービス収支は大きな赤字となりましたが、訪日客が再び増えれば、サービス収支の赤字縮小が経常黒字につながる流れが期待できます。

「デジタル赤字」の影響拡大

今後、日本が経常赤字になるかどうかは、貿易収支の赤字がどう推移するかに左右されます。仮に資源高が進めば、日本も経常赤字になる可能性はあります。近年はウェブ広告などで海外企業への支払いが急増しており、いわゆる「デジタル赤字」の拡大も影響し始めています。経常収

2022年度は資源高・円安で貿易赤字が急拡大した

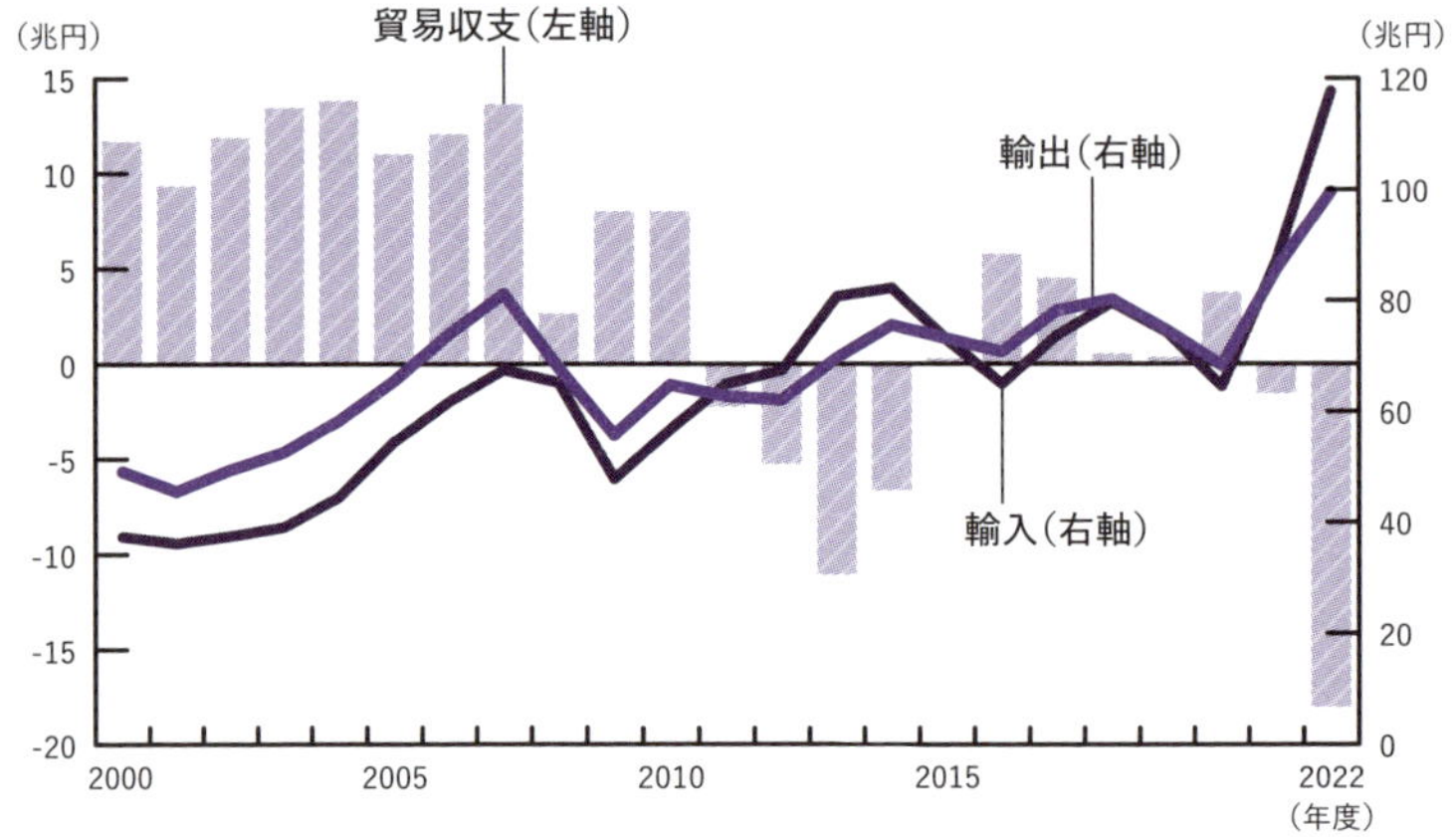

(出所)財務省「国際収支統計」

支には、日本の産業競争力が反映されているといえます。

ただ、経常赤字だから問題ということではありません。例えば米国は経常収支が赤字ですが、日本よりも成長しています。

経常赤字でも、その国の投資機会が豊富で、国外から安定的に資金が流れ込んで赤字を埋め合わせることができれば、経済を安定的に成長させられるからです。

日本が経常赤字国になっても安定成長していくには、対内直接投資の水準の低さや世界的にも厳しい財政状況などの課題も克服しなければなりません。

Q

26

年金

将来、もらえる年金が減るのは本当なのか。

A

現役時代に稼いだ手取り給料の何割の年金をもらえるかを示した「所得代替率」は下がります。経済成長率や出生率の動向で下げ幅は変わります。

現役世代が高齢者を支える「仕送り」

厚生年金や国民年金は現役時代に貯めておいたお金を受け取る「積み立て方式」ではありません。現役世代が納めた保険料を高齢者世代に「仕送り」することで、年金制度を維持しています。これを「賦課《ふか》方式」と呼びます。したがって現役世代と高齢者世代の人口のバランスがもらえる年金額のカギを握ります。

1970年には高齢者（65歳以上）1人を10人の現役世代（15〜64歳）が支えていました。ところが、少子高齢化が進んだ2020年には2人で1人を支えることになり、これが50年には1・4人で1人の高齢者を支える社会となります。

こうした厳しい人口動態の予測に対応するため、政府は04年の年金制度改革で、現役世代が負担する保険料率に上限を設ける一方で、高齢者世代が受け取る年金を少しずつ抑える年金改革を実行しました。

会社員らが加入する厚生年金の保険料率は、04年から毎年秋に保険料率を0・354％ずつ引き上げられ、17年以降は年収の18・3％（これを労使で折半）に固定しました。主に自営業者が入っている国民年金は毎月定額の保険料を払う仕組みです。こちらも04年の月額1万3300円から23年には1万6520円まで上がっています。

高齢者を支える「現役」はどんどん少なくなる

	1970年	2020年	2050年
高齢者（65歳以上）	740万人	3602万人	3888万人
現役（15～64歳）	7212万人	7509万人	5540万人

9.8人に1人	2.1人に1人	1.4人に1人

（出所）内閣府「令和5年版高齢社会白書」

一方、高齢者世代がもらう年金額はどうなったでしょうか。厚生年金の夫婦モデル世代（夫は厚生年金に40年加入、妻は専業主婦）の場合、04年時点では現役世代の手取り年収の60％ほどの水準でした。

04年改革ではこの給付水準（所得代替率）を23年までに5割に引き下げる計画を立てました。少子高齢化が進んで、年金財政の支え手が減っても制度を維持できるようにするためです。年金は物価や賃金が上昇したらそれに合わせて支給額を増やす仕組みになっています。

この実際の物価や賃金の伸び率よりも少し年金額の伸びを抑えることで、少しずつ所得代替率を落として年金財政を安定させる仕組みを導入しました。これを「マクロ経済スライド」と呼びます。

遅れる給付調整と想定を上回る少子化

厚生労働省は5年に1回、公的年金の財政状況が健全かを確認する「財政検証」を行っています。前回の19年の財政検証によると、年金制度を維持するための給付額の抑制が進んでいないことがわかりました。所得代替率は61・7%と04年時点とほぼ変わらず、マクロ経済スライドによる調整は50年近くまでかかる計算となります。

現役世代の保険料負担の引き上げが計画通り進んだのに、高齢者世代の受け取る年金が思ったより抑えられなかったのはマクロ経済スライドの仕組みに理由があります。同スライドは年金の手取り額を守るため物価や賃金に応じた「本来の年金額の改定率」がプラスの年に適用されることになっており、物価や賃金が伸びない年には発動しないルールでした。この結果、マクロ経済スライドが発動したのは15、19、20、23年度の4回だけです。

18年度からは賃金や物価の低迷でスライドを発動できなかった年の給付抑制分を、翌年以降の賃金や物価が伸びた年にまとめて発動する「キャリーオーバー制度」を導入しました。

政府は19年度の財政検証で長期的に年0・4%の実質経済成長率を確保し、1・44の合計特殊出生率を維持できれば47年度に給付調整が終わり、所得代替率50・8%の年金を維持できると試算しています。

公的年金制度の維持は経済や出生率が握る

（それぞれの前提で年金制度を維持するための所得代替率）

		出生率の推移（2065年時点）		
		1.65	1.44	1.25
長期の実質経済成長率	年0.9%	53.8%	51.9%	49.2%（2104年度）
	年0.4%	53.4%	50.8%	47.8%（2088年度）
	年0%	48.7%（2088年度）	44.5%（2066年度）	39.7%（2061年度）

（注）（　）内の年度は50％の所得代替率を維持した場合に国民年金の積立金がなくなる年度
（出所）厚生労働省「2019（令和元）年財政検証結果」

ところが、経済がゼロ成長となり出生率が1・25程度で推移する「悲観シナリオ」の場合、所得代替率を4割まで落とさないと年金制度は維持できません。もしこの前提で、約束通り5割の所得代替率の支給額を維持すると61年度には国民年金の積立金がなくなると計算しています。この場合、保険料の引き上げや給付水準の引き下げなどの痛みを伴う改革が行われることになると予測されます。

22年の出生率は1・26で、過去最低水準に落ち込みました。出生率に関しては「悲観シナリオ」に近い経路をたどっています。「現役世代と高齢者世代が痛みを分かち合う」という04年改革の本旨をしっかり実行すること。そのうえで少子化政策や経済活性化策が実を結ぶこと。その両方が年金財政の持続性を左右します。

Q

27

財 政

少子化対策や防衛費に
たくさんお金を使っているのは
大丈夫か。

A

財源が曖昧なまま、政府が兆円単位の支出を増やすのは望ましくありません。日本の財政は毎年赤字で、累積した国の借金も増え続けています。

「歳出拡大3兄弟」が財政の重荷に

2021年10月に発足した岸田文雄政権は、これまでに政府の年間の支出を兆円単位で増やす政策を相次いで打ち出してきました。

まず防衛費の増額です。不足気味の装備品の維持・整備や島しょ部を守るためのミサイル配備などのために27年度時点で防衛費を今より年間で約3・7兆円積み上げます。また岸田政権が「異次元」と宣伝する少子化対策に地方負担なども合わせた事業費ベースで年3・5兆円を充てます。また、政府は脱炭素を進めるためのグリーントランスフォーメーション（GX）投資に今後10年で20兆円の財政資金を投じることも決めました。

政府の一般会計の歳出総額が114兆円（23年度当初予算）なので、これらの対策規模が小さくないことはわかると思います。こうした兆円単位の大規模政策が短期間に相次いで打たれるのは異例で、一部の有識者はこの3つの政策を「歳出拡大3兄弟」と呼んでいます。防衛費とGX投資は23年度から段階的に増え始め、少子化対策の費用も24年度から加わります。

これらの政策が待ったなしの喫緊の課題であることは論をまちません。問題はこれらのお金に使う財源に曖昧な部分があることです。岸田首相は少子化対策で「（国民の）実質的な追加負担を生じさせないことを目指す」と語りました。**ただ事業費ベースで3・5兆円もの対策を増税や**

岸田政権の目玉政策は年数兆円の歳出増をもたらす

	必要費用	財源の検討状況
防衛費の増額	27年時点で年約3.7兆円	うち1兆円強を法人、たばこ、所得の3税で賄う
異次元の少子化対策	当面は事業費ベースで年3.5兆円。30年代初頭には現行の4.7兆円を倍増	首相は「国民に実質的な追加負担が発生しない」と発言。財源の詳細は不明
GX投資	今後10年間で約20兆円規模を投資	新国債の「GX経済移行債」の発行やカーボンプライシングで調達

社会保険料の負担増なしで実現できるのか疑視されています。防衛費は3・7兆円のうち1兆円強を法人、たばこ、所得の3税の増税で確保する予定になっていますが、具体的な増税時期は決まっていません。

GX投資は将来「GX経済移行債」という新たな国債を発行し、その償還は企業が排出する温暖化ガスに値づけする「カーボンプライシング」で集めた資金で賄うことになっています。ただカーボンプライシングなどによるGX債の償還は28年度まで始まらない予定で政府支出が先行して始まっています。

本来は調達できるお金にめどをつけてから、対策の規模を考えるべきです。国民に不人気な負担増の議論を避けたままの見切り発車になっているといっても過言ではありません。

カーボンプライシング Carbon Pricing。温暖化ガスの排出を減らすために、二酸化炭素（CO_2）を排出する企業などにお金を払わせて負担を負わせる。企業は支払うお金をできるだけ少なくするため、省エネや再生エネの導入を通じて自らが排出する温暖化ガスを減らそうと努力する。

先進国最悪の財政状況、オオカミは来るのか？

そもそも日本の財政にそこまでの余裕はありません。コロナ下で全国民に一律10万円を配るなど歳出がかさんだ20年は国の借金である国債発行額が108・6兆円に達しました。コロナ危機が下火になった23年度は当初予算段階の国債発行額は大きく減りましたが、それでも35・6兆円となっています。年間で必要な支出の31％を借金で賄っている状況です。

コロナ禍を経て、ほかの先進各国の財政状況も軒並み悪化しました。ただ国・地方と社会保障基金を合わせた国の総債務が国内総生産（GDP）の2・5倍を超える日本は突出して悪いといわざるを得ません。

一方で「ここまで日本の財政状況が悪くなっても、何も起きていない。この程度の財政悪化は問題ない」と主張する識者もいます。イソップ童話になぞらえて、財政危機のリスクを唱える人を「オオカミ少年」と呼ぶ人さえいます。

確かに国の借金は残高がゼロになるまで返さないといけないというものではありません。それでも市場参加者から日本が「債務を返す気がない」とか「返済能力がない」と見られれば、国債の投げ売りや通貨の暴落を招く可能性は否定できません。

22年秋にこの「オオカミ」は実際に英国にやってきました。当時、就任したてのトラス首相は

投げ売り　相場急落時に損失覚悟で売ること。

Q27
財政

G7各国の債務残高GDP比推移

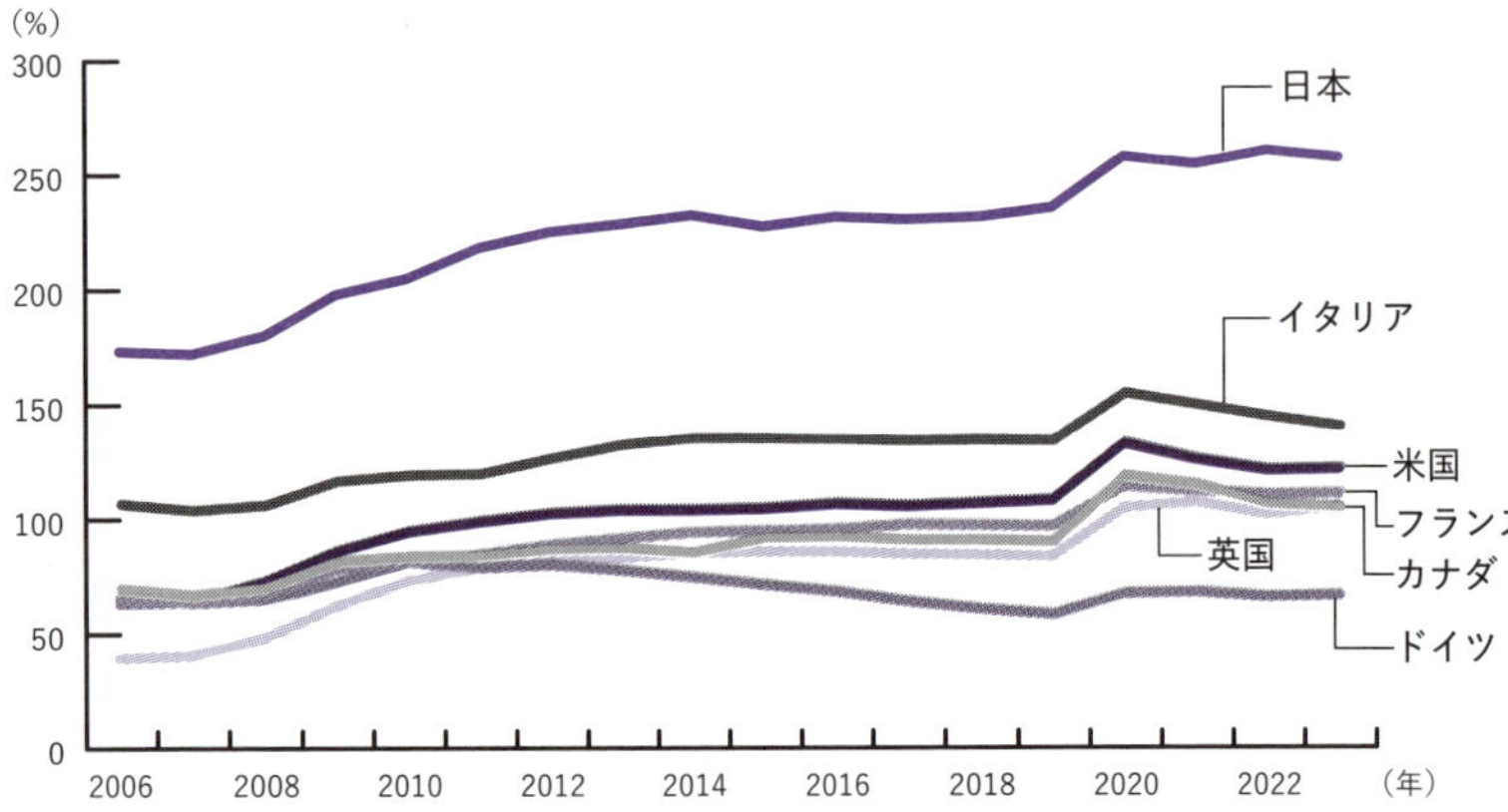

（注）IMFの2023年4月のデータ。日米仏は22年から予測値。ほかは23年が予測値

財源の裏づけのない大減税や巨額の家計支援策を打ち出しました。すると、財政危機が意識されて英国債の利回りが急上昇（価格が急落）し、英通貨ポンドも急落しました。あわてて対策のほとんどが撤回されたことで、オオカミは去りましたが、トラス政権はわずか49日で退陣となりました。

もちろん英国は経常赤字国のため自国だけで財政赤字の穴埋めが難しいことや、すでに中央銀行が金融引き締めに入っていたことなど、状況が日本とは全く違います。日本に今すぐ危機が訪れる可能性は小さいかもしれません。

しかし経済状況によっては、放漫な財政運営が危機を招く実例があることは念頭に置くべきでしょう。

Q

28

少子化
対策

岸田政権の「こども未来戦略方針」で少子化に歯止めをかけることはできるのか。

A

児童手当の所得制限撤廃など子育て支援策を拡充しますが、出生率の向上につながるかは不透明です。安定財源の確保も課題となります。

「次元の異なる少子化対策」の成否は財源次第

岸田文雄首相は「次元の異なる少子化対策」を掲げ、2023年6月13日に「こども未来戦略方針」を発表しました。経済財政運営と改革の基本方針（骨太の方針）にも盛り込み、23年末に向けての予算編成過程で具体化していきます。

例えば児童手当は24年10月分から拡充します。所得制限をなくし、給付期間も高校卒業時までに延ばします。第3子以降の手当を増額する多子加算は対象を0歳から高校生までに広げ、月3万円とします。ほかにも子どもの成長に合わせ、出産期・育児期・成長期ごとにそれぞれの支援策を掲げました。出産期対策では26年度から出産費用を保険適用します。

育児期対策では仕事と子育てを両立しやすい制度づくりを目指します。両親で育児休業をとれば、一定期間の育休給付を手取りの10割相当に上げる措置を25年度に実施します。親の就労を問わず保育を利用できる「こども誰でも通園制度（仮称）」も早ければ26年度に始めます。パートなどで働く人が育休給付を受け取れるよう、28年度までに週の労働時間が20時間未満の人にも雇用保険の適用を広げます。

問題は財源です。24年度からの3年間で国・地方の事業費ベースで年3兆円台半ばを確保します。30年代初頭までにこども家庭庁の予算についても22年度の4・7兆円からの倍増を目指しま

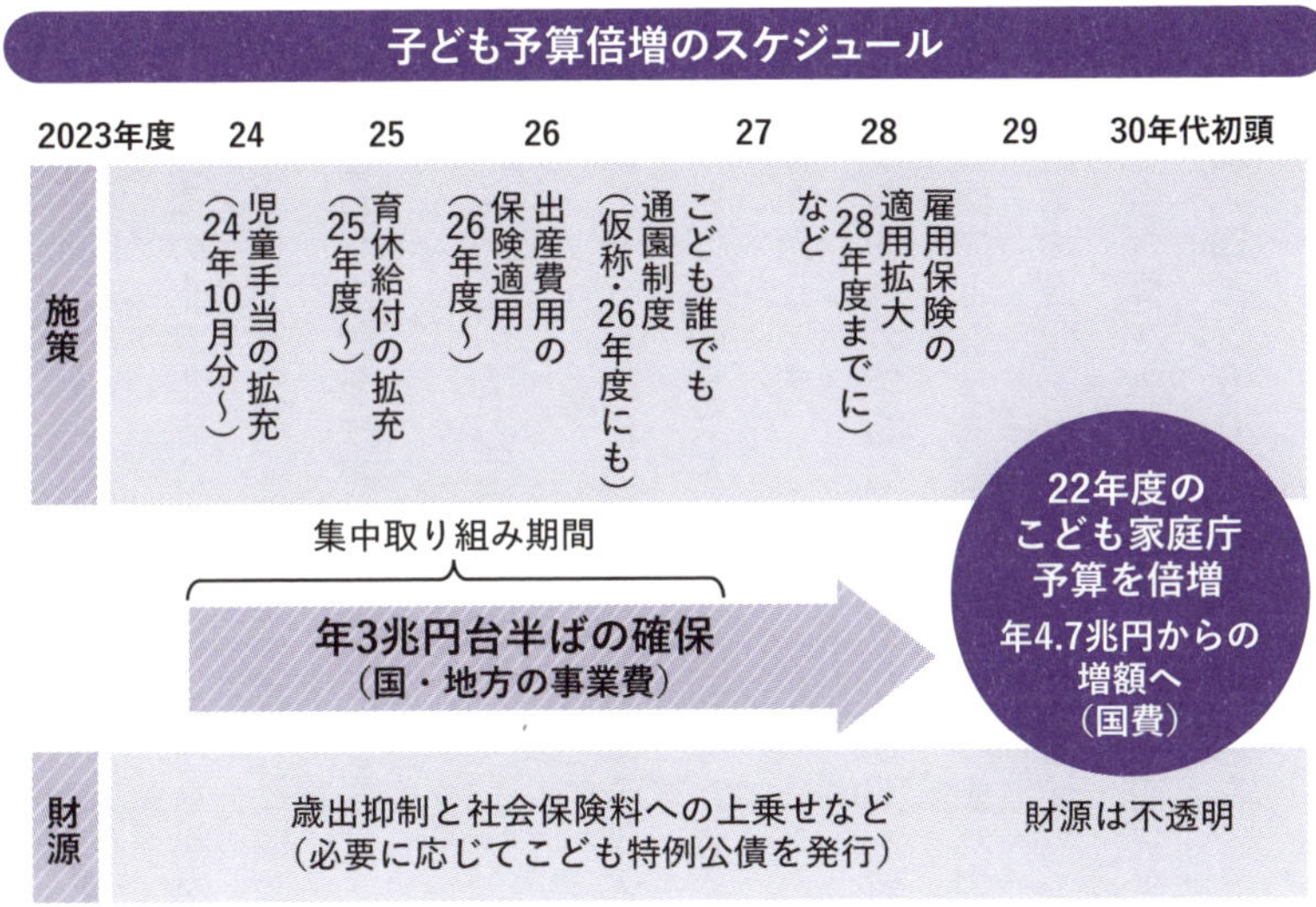

す。政府の子ども政策予算を一元管理し、関連するお金の出入りをわかりやすくするため、特別会計「こども金庫」も創設します。

巨額財源をどうやって確保するのか。その道筋はなお曖昧です。28年度までに安定財源を確保するとしていますが、当面はつなぎ国債を発行してしのぎます。

こども未来戦略方針では財源について「消費税など増税はしない」と明記しました。それを前提に①すでに確保した予算の最大限の活用、②28年度にかけて社会保障分野の歳出改革、③社会保険料に上乗せする支援金制度の創設――という主に3つの方法で予算を確保するとしました。支援金制度を巡っては個人が払う健康保険料に月数百円を上乗せし、企業負担分も含めて年1兆円規模を集める案が出ています。首相

つなぎ国債　将来見込まれる歳入を償還財源とする国債。

特別会計　国による特定の事業や資金を一般会計と区別して管理するもの。

は歳出改革などにより「実質的な追加負担を生じさせないよう目指す」との考えを示しています。

増税を封印しながら少子化対策の財源について議論するという政府の方針には疑問が出ています。経団連の十倉雅和会長は「消費税も当然議論の対象になる」と訴え、連合の芳野友子会長も「社会保険となると賃金に影響する」と指摘しました。学識者を含む令和国民会議（令和臨調）は税を含めた検討を政府に求めています。

「30年代までがラストチャンス」

首相は23年6月13日の記者会見で「若年人口が急減する30年代に入るまでが少子化傾向を反転できるかどうかのラストチャンスだ」と強調しました。危機感の背景にはこれから予測される人口の推移があります。

1990年代の年間出生数は120万人前後で比較的安定していましたが、2000年代になって減少傾向となりました。90年代生まれの人が40代に入るまでに子どもをどれぐらい生むかが、将来の日本の人口を大きく左右します。

国立社会保障・人口問題研究所が4月に公表した将来推計人口は、このままでは2120年に日本の総人口は5000万人を割り込んで4973万人になると試算しました。これからの100年で1億2614万人だった20年の4割相当にまで減ることになります。

2022年は出生数・出生率ともに過去最低

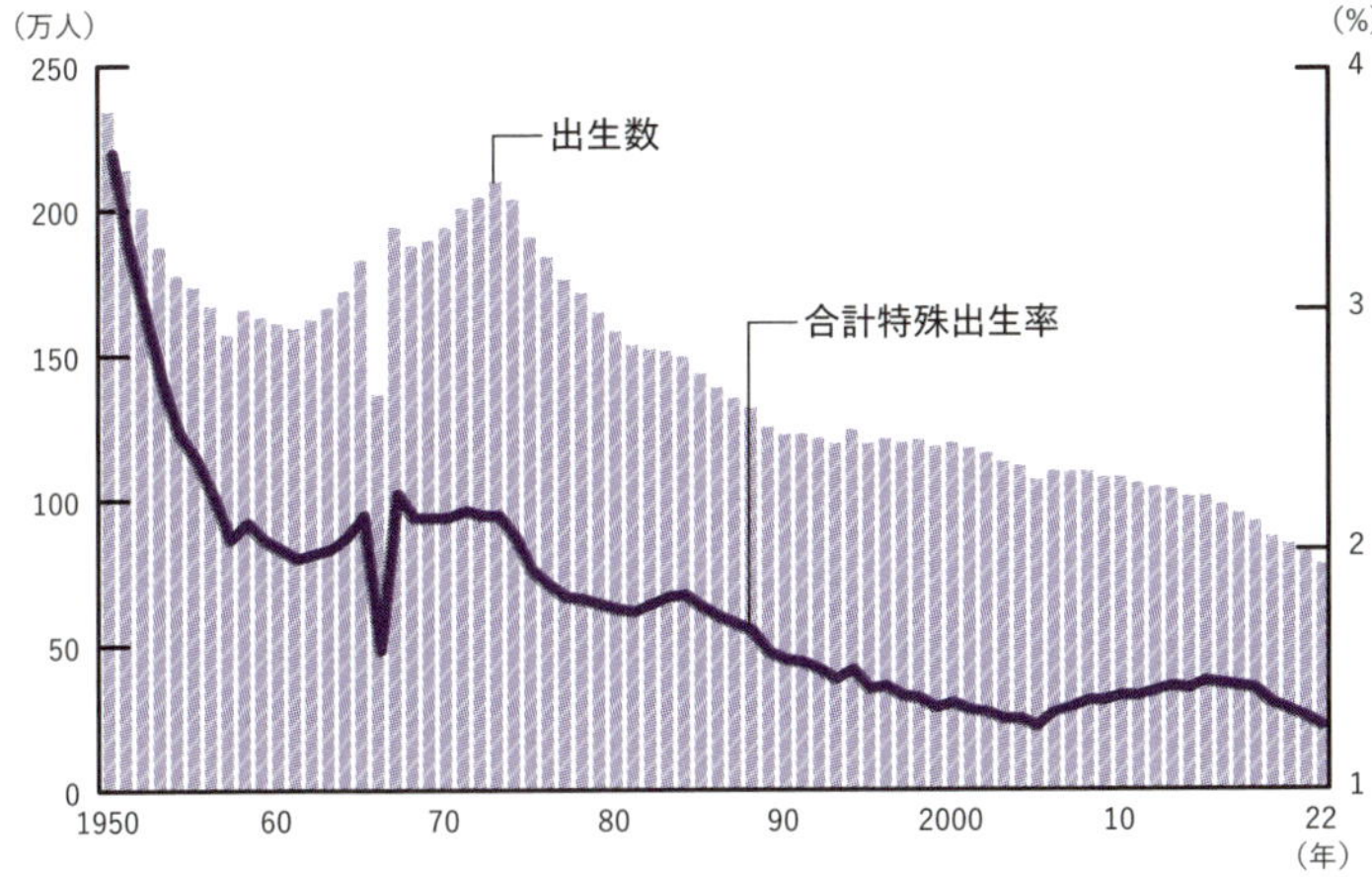

（出所）厚生労働省「令和4年人口動態統計」

カギとなる出生率からは反転の兆しは見えません。厚生労働省は6月、1人の女性が生涯に産む子どもの数を示す合計特殊出生率を発表しましたが、22年は1・26と7年連続で低下し、過去最低だった05年にも並びました。

日本人の出生数も77万747人と前年比で5%減りました。外国人を除く出生数が80万人を下回るのは1899年の統計開始以来、初めてです。15年までは100万人を超えており、そこから7年で2割以上減ったことになります。

子どもの数が多かった団塊ジュニア世代も出産適齢期を過ぎ、減少に歯止めがかかりません。社会や経済の活力を維持できるかどうかの瀬戸際にあり、若年層の出産や子育てなどへの経済的な不安を取り除くための対策が急務となっています。

Q

29

政治

政局の行方はどうなるのか。

A

岸田首相が2024年の自民党総裁選で再選すれば長期政権が視野に入ります。内閣支持率を見ながら衆院解散の戦略を練ります。

公私混同、マイナンバーで支持率が低迷

岸田文雄内閣の支持率は2023年5月の主要7カ国首脳会議（G7サミット）の後から下落傾向になりました。**日本経済新聞社の世論調査によると4月の52％から2カ月連続で下がり、6月は39％まで落ちました。7月は40％で、不支持率が51％と上回っています。**原因の一つは首相秘書官を務めていた首相の長男の翔太郎氏が首相公邸で記念撮影した問題です。5月下旬に発覚して「公私混同」の批判を浴びました。

マイナンバーを別人の健康保険証や年金に紐づけたミスでも支持率の低下を招きました。首相は秋までに関連するデータすべてを総点検するように指示しました。総点検を踏まえ「24年秋の保険証廃止の時期の見直しも含めて適切に対応する」と表明しました。最低賃金の引き上げや国内投資拡大、外交で政権浮揚《ふよう》を目指します。

自民党役員の任期満了に合わせて9月ごろに内閣改造・党役員人事を予定します。人事はほぼ1年ごとに行うため、新たな体制は24年9月の自民党総裁選まで続く想定です。

党総裁選は政治日程を考えるうえで節目になります。首相が再選すれば次の任期は27年9月までです。ここまで続投すれば小泉純一郎政権を抜いて戦後4番目の長さになります。

首相が態勢を立て直して再選すれば長期政権への道が視野に入りますが、支持率が低迷したま

岸田内閣の支持率

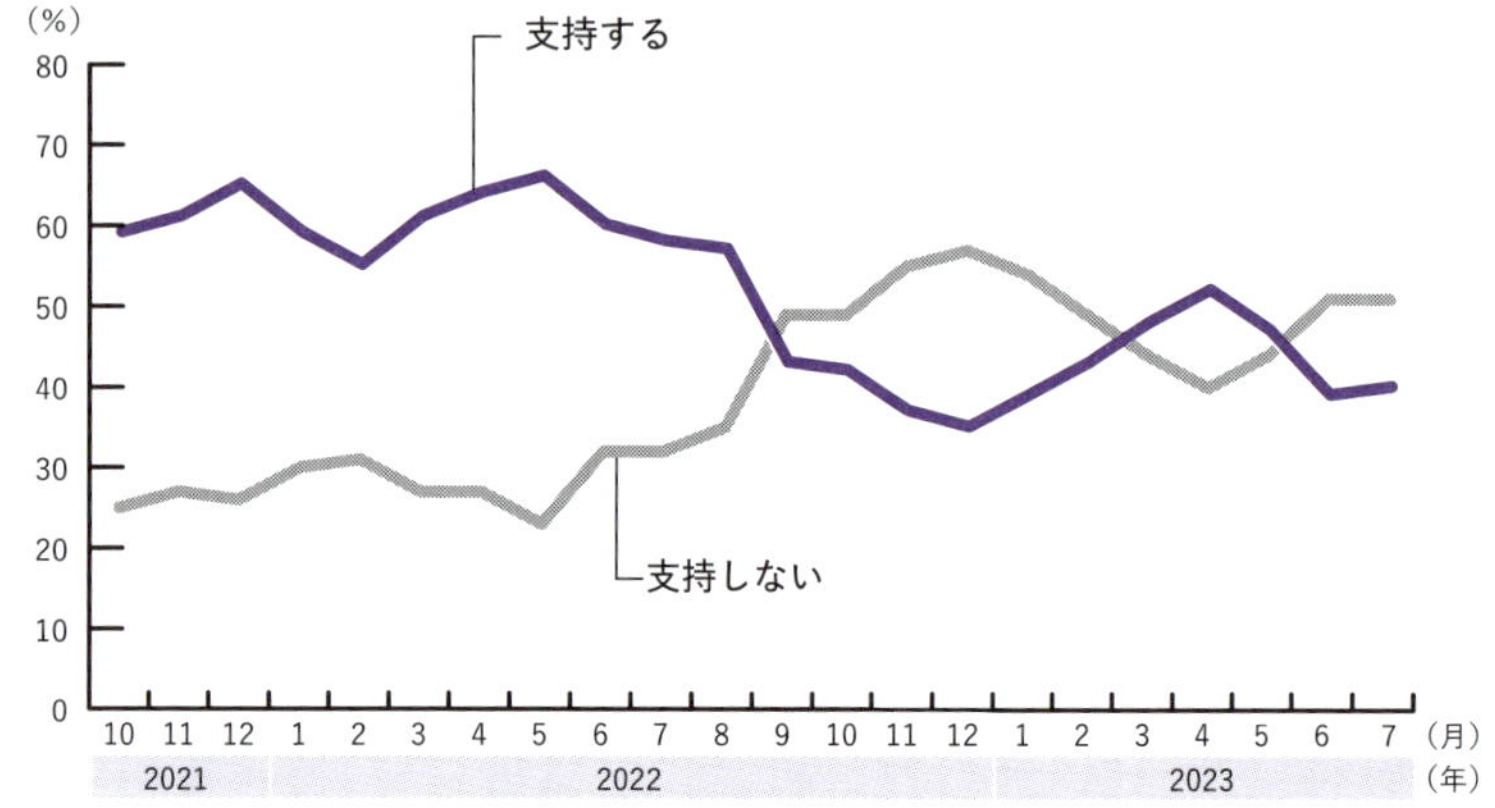

（注）日経新聞世論調査

まならばほかの総裁候補にトップの座を奪われる可能性もあります。

党内、野党、公明党の動きから解散を判断か

自民党の「ポスト岸田」候補としては河野太郎デジタル相や高市早苗経済安全保障相、茂木敏充幹事長らの名前が挙がっています。

河野氏は21年9月の党総裁選で首相を上回る党員票を獲得しました。X（旧ツイッター）の発信などで知名度が高いのが強みです。マイナンバーのトラブルを巡っては担当閣僚として批判を浴びています。

高市氏も前回の総裁選に立候補した経験があり、保守層に支持があります。23年4月の奈良県知事選は自らの元秘書官を擁立しながら保守

分裂によって日本維新の会の候補に敗れました。

茂木氏は党内第3派閥を率い、少子化対策で政府と調整せずに児童手当の所得制限撤廃を打ち出すなど存在感を高めようとしています。これまで党幹事長として首相を支えており、身動きはとりにくい立場にいます。どの候補も持ち味と弱みの両方を抱え、次のリーダーに衆目一致するというわけではありません。

首相が付け入る隙を与えないために、党総裁選前に衆院解散へ踏み切るとの観測があります。これは次期衆院選で勝利すれば自民党内で首相再選の流れをつくりやすいという見立てがあるためです。

過去の解散は国会開会中がほとんどのため、秋の臨時国会や24年1月召集の通常国会が取り沙汰されます。衆院議員の任期満了は25年10月です。任期をまだ十分に残して解散するのは首相にとってリスクもあります。

次期衆院選で与党が過半数割れするとの見方はほとんどありませんが、大幅に議席を減らせば首相の求心力が低下しかねません。25年夏の参院選に向け「別の選挙の顔」を求める声が出るシナリオも考えられます。

野党は日本維新の会が23年4月の統一地方選で伸長しました。次期衆院選は地盤となる関西に限らず全国で候補を擁立する構えをみせ、最近の自民党に不満を持つ保守票に食い込む見方もあ

想定される主な政治日程

2023年9月ごろ	内閣改造・自民党役員人事
秋	臨時国会→解散？
年末	24年度予算案・税制改正大綱を決定
2024年1～6月	通常国会→解散？
9月	自民党総裁選
秋	臨時国会→解散？
25年夏	参院選
10月	衆院議員の任期満了

ります。

自民、公明両党の関係も選挙協力を巡ってぎくしゃくしています。公明党は候補者調整がうまくいかなかった東京では自民党候補を推薦しない方針を打ち出しています。

自民党内では「次期衆院選は楽な戦いではない」との声があります。党総裁選の時期は政治における国民の関心が自民党に集中します。そうした機会を生かして党勢を強めたうえで24年秋以降に衆院解散・総選挙になだれ込んだ方がよいという意見も出ています。

首相は総裁選の再選に向け党内情勢をにらみながら解散時期を判断することになります。

Q

30

官　邸

安倍晋三元首相亡き後の憲法改正はどうなるのか。

A

岸田文雄首相は2024年9月の自民党総裁任期までの憲法改正に意欲を示しています。実現は容易ではありません。

党内、国会でも前進の兆し

「安倍晋三元首相の遺志を継ぎ、力強く次の時代を切り開いていく」。安倍氏が銃撃され死去してからちょうど1年の2023年7月8日、岸田文雄首相は都内で開いた安倍氏をしのぶ会でこうあいさつしました。安倍氏の「遺志」を示すテーマの筆頭に挙げたのが憲法改正です。

安倍氏は首相だった17年の憲法記念日に改憲派の集会に寄せたメッセージで「20年を新しい憲法が施行される年にしたい」と発言しました。自民党は18年3月の自民党大会で、論議のたたき台となる改憲案をまとめました。①9条に自衛隊明記、②教育無償化、③緊急事態条項、④参院「合区」解消——の4項目が柱です。これらは安倍氏の意向を受けたものでした。

改憲の旗振り役だった安倍氏の死去は今後の改憲議論にどんな影響を与えるでしょうか。

死去の直後は「改憲機運がしぼむ」との見方が与野党内にありました。足元の動きを見るとそういうわけではないようです。**岸田首相は24年9月までの党総裁任期中に憲法改正の実現を目指すと強調します。23年6月の記者会見で「目の前の任期で改憲すべく努力する、との思いを申し上げた」と語りました。**

背景に岸田首相を巡る党内状況があります。自らが会長を務める宏池会《こうちかい》（岸田派）は党内第4派閥にすぎず、政権基盤は決して盤石といえません。政権の安定には安倍氏が率いた党内最大派

緊急事態条項　戦争や内乱、災害などを想定し、政府や国会に平時を超える権限を一時的に与えるよう憲法で新たに定めるもの。

憲法改正を巡る主要政党のスタンス

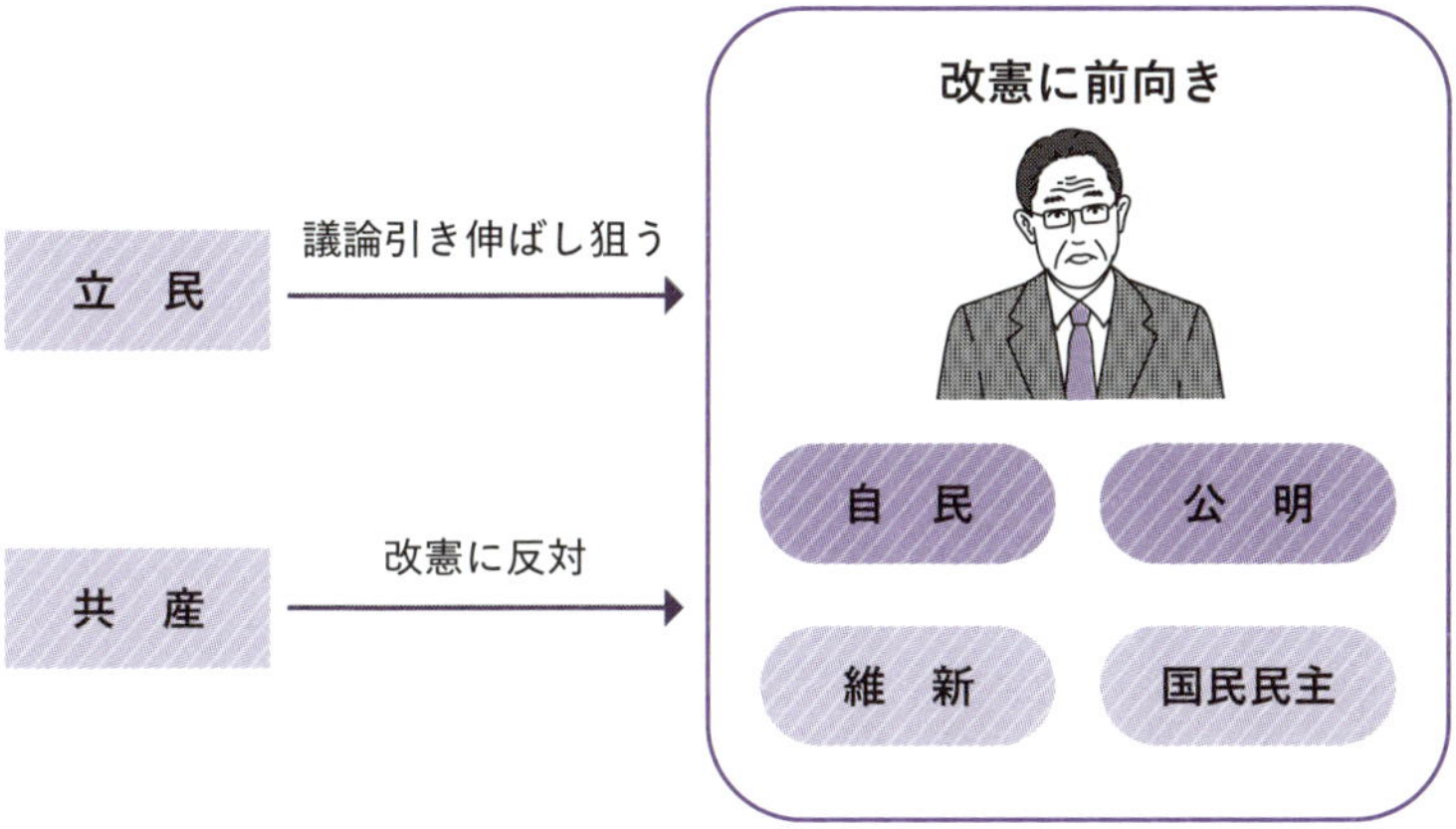

閥の安倍派や、安倍氏のもとで当選を重ねてきた若手の支持が欠かせません。安倍氏を支え続けた保守層に配慮し、離反を抑える思惑もあります。

国会での議論に一定の前進はあります。衆院憲法審査会は23年の通常国会で大規模な自然災害など緊急時の対応を巡る議論に一定のめどをつけました。自民党や公明党、日本維新の会、国民民主党、野党系の衆院会派「有志の会」の5会派は「緊急時の議員任期の延長は必要」との主張で足並みをそろえます。

衆院議員の任期延長の幅について自民党は「1年程度」、公明など4会派は「6カ月」を提案します。細部を見れば主張に開きはあるものの、改憲の必要性への認識は共有されつつあるといえます。憲法審に所属する自民党議員は「そろそろ条文案を作成すべきだ」と主張します。

政党間やスケジュール、国民世論が壁に

とはいえ、簡単にことが運ぶわけではありません。野党第1党の立憲民主党は「論憲」との立場で議論の引き延ばしを狙います。党内で改憲の賛成派と慎重派が交錯しており、議論が進めば党内に遠心力が働きかねません。共産党はそもそも改憲自体を批判しています。性急に議論を進めると政権体力を奪いかねません。

スケジュールの制約もあります。

改憲の手続きは衆院100人以上または参院50人以上の賛成をもとに、改正原案を国会に提出するところから始まります。衆参両院の憲法審で審査した後、それぞれの本会議で3分の2以上の賛成で可決すれば発議できます。発議から60～180日以内に国民投票を実施し、そこで有効投票総数の過半数の賛成を得れば実現します。

首相が言う24年9月の総裁任期満了までの改憲実現には、24年の通常国会までの発議が必要になります。23年秋に予定する臨時国会では改憲項目について詰めていく必要があります。

公明党の北側一雄副代表は岸田首相の意向に関して「そう簡単ではないのが私の率直な印象」と話します。「大事なことはできるだけ多くの政党間で合意形成を図ることだ。時期ありきでは

論憲　国民の権利の拡大に資する議論を積極的に行うこと。

想定される憲法改正の手続き

憲法改正原案の議論を国会に提出（衆院では100人以上、参院では50人以上の賛成が必要）
➡ 衆院憲法審査会で審議、過半数で可決
➡ 衆院本会議で3分の2で可決
➡ 参院憲法審で審議、過半数で可決
➡ 参院本会議で3分の2で可決→憲法改正の発議
➡ 60～180日
国民投票、過半数で憲法改正

ない」とも指摘します。

国民世論の喚起も欠かせません。自民党の憲法改正実現本部は全国で憲法の対話集会を開いています。22年度は1000回を超えました。主に党が掲げる4項目を中心に改憲の必要性を訴えます。日本経済新聞社が23年4月に実施した世論調査では緊急事態条項の創設に「反対」が48％で「賛成」の41％を上回ります。

岸田首相は「先送りできない課題に一つひとつ結果を出していくのが使命だ」と強調します。最近では国内投資の活性化や行政のデジタル化、少子高齢化対策などを挙げています。長く続く改憲議論にも結果を出すのか、国会の動きが注目されます。

Q

31

地方

地方で各自治体はどういった人口減対策に取り組んでいるのか。

A

多くの若い世帯を呼び込むため、住宅の新築を考えている人や首都圏からの移住者に多額の支援金を出す自治体が増えています。

都市と地方の人口格差は拡大、総人口は減少

住民基本台帳にもとづく人口動態調査によると、日本の総人口は2022年1月1日時点で1億2592万7902人となっています。1年前に比べて0・6％減りました。日本人住民は1億2322万3561人、外国人住民は270万4341人となっています。日本人住民は前年比で0・5％減り、13年連続で減少しています。

日本の総人口を都道府県別に見ると、都市と地方の差がはっきりします。10年前と比べて人口が増加しているのは東京都の8・6％増をはじめ埼玉、千葉、神奈川の首都圏3県、愛知県、滋賀県、大阪府、福岡県、沖縄県となっています。そのほかはすべて減少しており、減少幅が最も大きいのは秋田県の11・9％減で、青森県の10・1％減が続きます。

日本人だけを見ると、転入が転出を上回ったのは宮城県、茨城県、埼玉県、千葉県、東京都、神奈川県、山梨県、滋賀県、大阪府、福岡県、沖縄県の11都府県でした。ただ、これらの都府県でも沖縄県を除けば、人口自体は減少しています。少子高齢化が急速に進んでいるため、地方からの人口流入がある首都圏でさえも日本人の人口増を保てなくなっています。

2022年の人口増減率（2012年比）

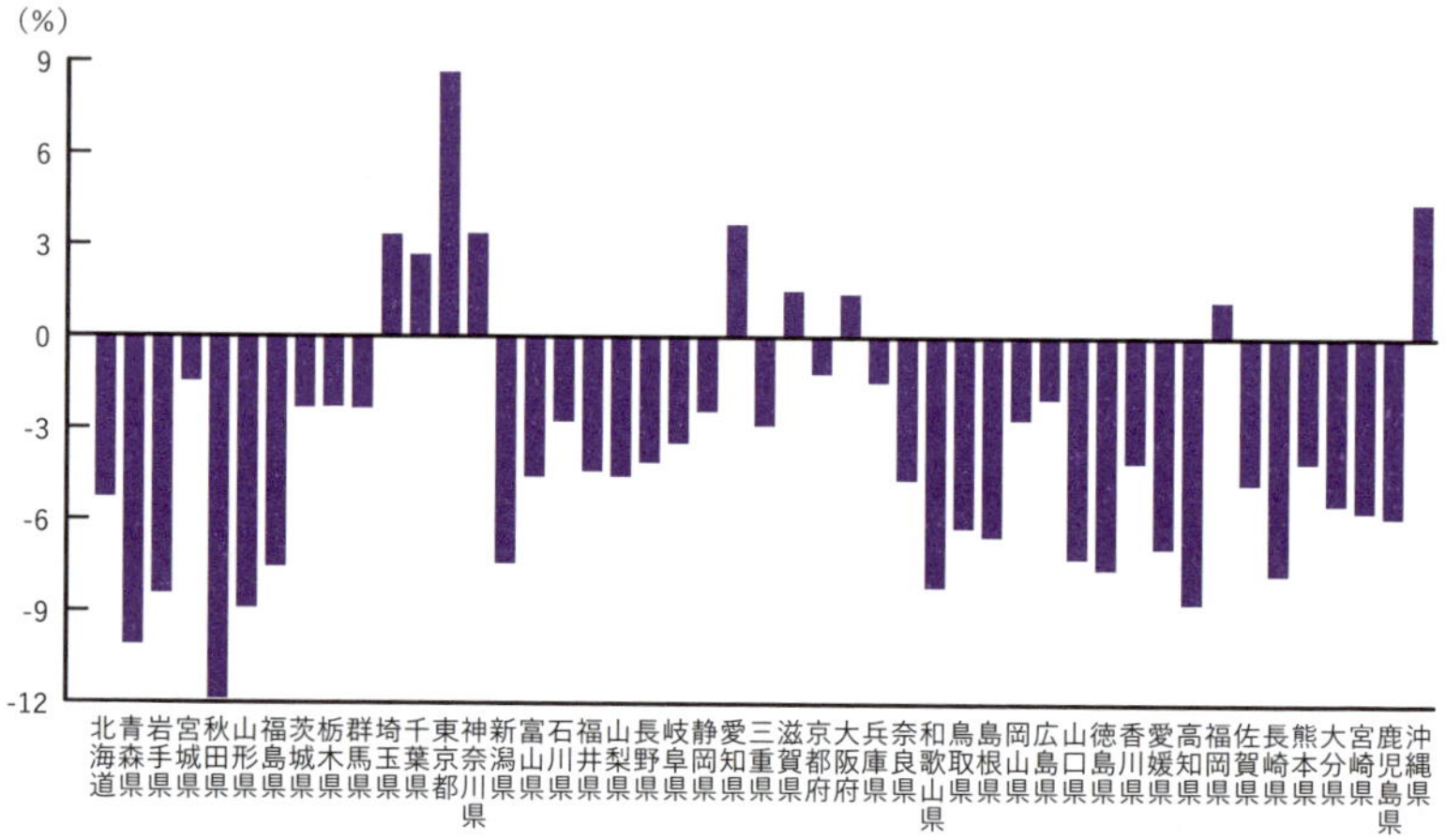

（出所）住民基本台帳にもとづく人口動態調査

各地方自治体で進む、移住の推進

地方の各自治体の危機感はより強いものがあります。新型コロナウイルス禍で進んだテレワークなどの働き方の変化を追い風に、子育て世帯を主な対象として積極的な呼び込みを図る動きが広がっています。

北海道鷹《たか》栖《す》町《ちょう》は旭川市に隣接する人口およそ6600人の小さな町で、移住者への取り組みを強化しています。町内で自宅の新築を考えている移住者向けの住宅補助金を23年度に手厚くしました。子育て世帯や三世代同居といった条件を満たす必要がありますが、これまで最大で160万円だった補助金を最大200万円まで引き上げました。

同じく北海道の中札内村《なかさつないむら》も23年度に子育て世代の定住促進に向けて住宅支援を強化しています。例えば村に移住して5年以内で、世帯主または配偶者が50歳未満、18歳未満の子どもが2人いる家庭が自宅を新築した場合、22年度までは補助金が50万円だったのが23年度からは200万円となりました。さらに省エネルギー性能や耐久性、緑地率といった村が定めた基準を満たした住宅の場合は追加で50万円の助成を受けられます。

香川県坂出市《さかいでし》は東京都など首都圏からの移住者の呼び込みに力を入れています。23年度に関連する補助金を大幅に引き上げました。一定の条件を満たせば受けられる移住支援の補助金について、例えば18歳未満の子どもが2人いる4人家族の場合、22年度までは160万円だったのを23年度からは300万円に拡充しています。

子ども医療費の補助や保育所の整備、出生祝い金といった子ども向けの予算を増やして、若年層の人口を増加させた自治体もあります。千葉県印西市《いんざいし》や福岡県久山町《ひさやままち》などが成果を上げています。豊かな自然などの地域資源を生かし、旅行しながら働くワーケーションの利便性を訴えて交流人口の拡大とその後の移住につなげようとする動きも活発になっています。

各自治体は税収増などを背景として様々な補助金を手厚くしていますが、競争の過熱は各地であつれきを生んでいるのも事実です。日本全体の人口が減少している今日では、単なる人口の奪い合いになってしまっている面があります。財政力の差によって子どもたちが受けられるサービ

Q 31 地方

地方の自治体は移住者を呼び込むための施策に力を入れている

北海道鷹栖町

町内で自宅の新築を考えている移住者向けの住宅補助金を2023年度に最大200万円に

香川県坂出市

東京都など首都圏からの移住を支援する補助金を拡充。
例えば18歳未満の子どもが2人いる計4人家族の場合、
支援金は2023年度から300万円に

スに差異が生じていることに、批判も少なからずあります。

手厚い支援があるに越したことはありませんが、大盤振る舞いが財政の悪化を招いて、将来世代にツケを回すようなことがあっては本末転倒です。予算措置だけに頼らない施策が一方で求められています。

日本全体で少子高齢化に対処することも重要です。岸田政権は異次元の少子化対策を打ち出し、施策の強化を図ろうとしています。予算措置には限界もあるため、各地で自治体や民間企業などが一体となって若年層の就職や結婚・出産を後押しする取り組みが求められます。

Q

32

農　業

日本の農業は構造的に変化しているのか。

A

世界で食料安全保障が意識されるなか、日本も生産基盤の強化を迫られていますが取り組みは道半ばです。

ウクライナ侵攻、異常気象で穀物の価格高騰

穀物などの食料は人間が生きていくうえで欠かせない最も重要な資源の一つです。ロシアが穀倉地帯のウクライナに侵攻した問題は、世界の穀物や農業生産資材の価格高騰を引き起こし、食料危機のリスクをも高めることになりました。

穀物の国際価格は近年上昇傾向が続いていました。世界的な人口増加や新興国の経済成長によって食料の需要が膨らんだことが要因です。気候変動による異常気象などの影響で生産国が不作に見舞われるといった事態も頻発しています。

ロシアのウクライナ侵攻はこうした食料の安定供給に対する不安を一段と高める結果となりました。小麦の国際価格は2022年3月に1トンあたり523・7ドルと過去最高値を記録しました。トウモロコシや大豆の価格も高い水準が続いています。

日本にとっても他人事ではありません。なぜなら、日本は多くの農産物を輸入・加工することで食料を確保しているからです。海外で食料生産や流通が滞れば、日本にも食料危機は波及するのです。**財務省の貿易統計によると22年の農産物の輸入額は9兆2402億円で前年比で31・2%増えました。食用や飼料用の穀物価格の上昇が影響しています。**

日本の食料輸入は構造的な問題も抱えています。農産物輸入額を見ると米国や中国など輸入先

農産物輸入は上位6カ国が6割を占める

（2022年の農産物全体の輸入額）

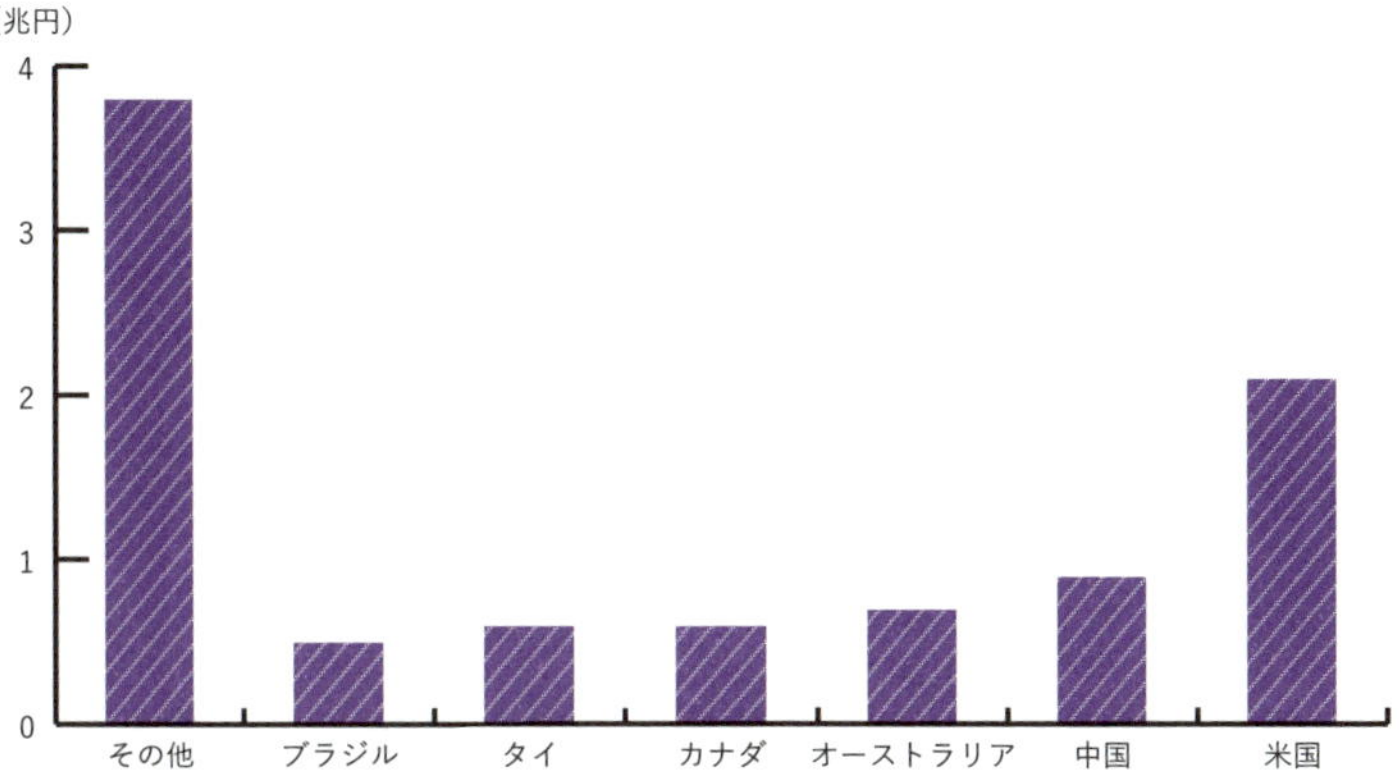

（出所）財務省「貿易統計」

の上位6カ国が占める割合がおよそ6割にのぼります。特にトウモロコシ、大豆、小麦、牛肉は上位2カ国が8〜9割を占めるなど偏りが目立ちます。

農産物だけではありません。日本国内の農業生産に必要な肥料原材料も輸入に頼っています。リン酸アンモニウムや塩化カリウムは大部分を輸入しています。ウクライナ侵攻は輸入原料の価格上昇にもつながりました。特定国への依存度が高いほど、輸入に支障が出た場合のリスクも大きくなります。

国内の食料供給に対する国内生産の割合を示す指標が「食料自給率」です。食料安全保障を強化するための目安にもなることから注目されています。21年度はカロリーベースで38％となり、長期的に低下傾向が続いています。農林水産省は30年度までに45％に高める目標を掲げていますが、達成できるかは見通せません。

日本の自給率は１９６０年代に70％を上回っていました。低下した背景には、日本人の食生活の変化によって日本農業の主力となるコメの消費が減り、小麦を材料にしたパン食が広がったことがあります。貿易自由化で海外からの輸入品が増えたことも影響しています。

国内で起こる農業生産力低下

日本にとっては国内の農業生産の基盤を強化することが急務ですが、厳しい現実にも直面しています。

最大の課題は人口減で、農業を支える人材が減っていることです。農水省の調査では、中核となる農業従事者数は22年に前年比５・９％減の約１２３万人となりました。減少傾向に歯止めがかからず10年に比べると4割も落ち込んでいます。

高齢化も進んでいます。65歳以上が86万人と全体の約7割にのぼり、平均年齢は68・4歳まで上昇しています。若い世代を中心に新規就農者を増やし、労働力を確保することが欠かせません。外国人や女性らを取り込むため、働きやすい環境を整えて農業の魅力を高めることも必要です。

カギを握るのが農業の生産性向上です。政府は水田の区画を拡大したり畑のかんがい施設を整備したりする事業を進めています。

貿易自由化　関税を撤廃するなどして貿易障壁をなくすこと。TPP（環太平洋経済連携協定）などの通商協定がある。

かんがい施設　農業用水を田畑に投入するための整備システム。

農業の担い手は減少が続いている

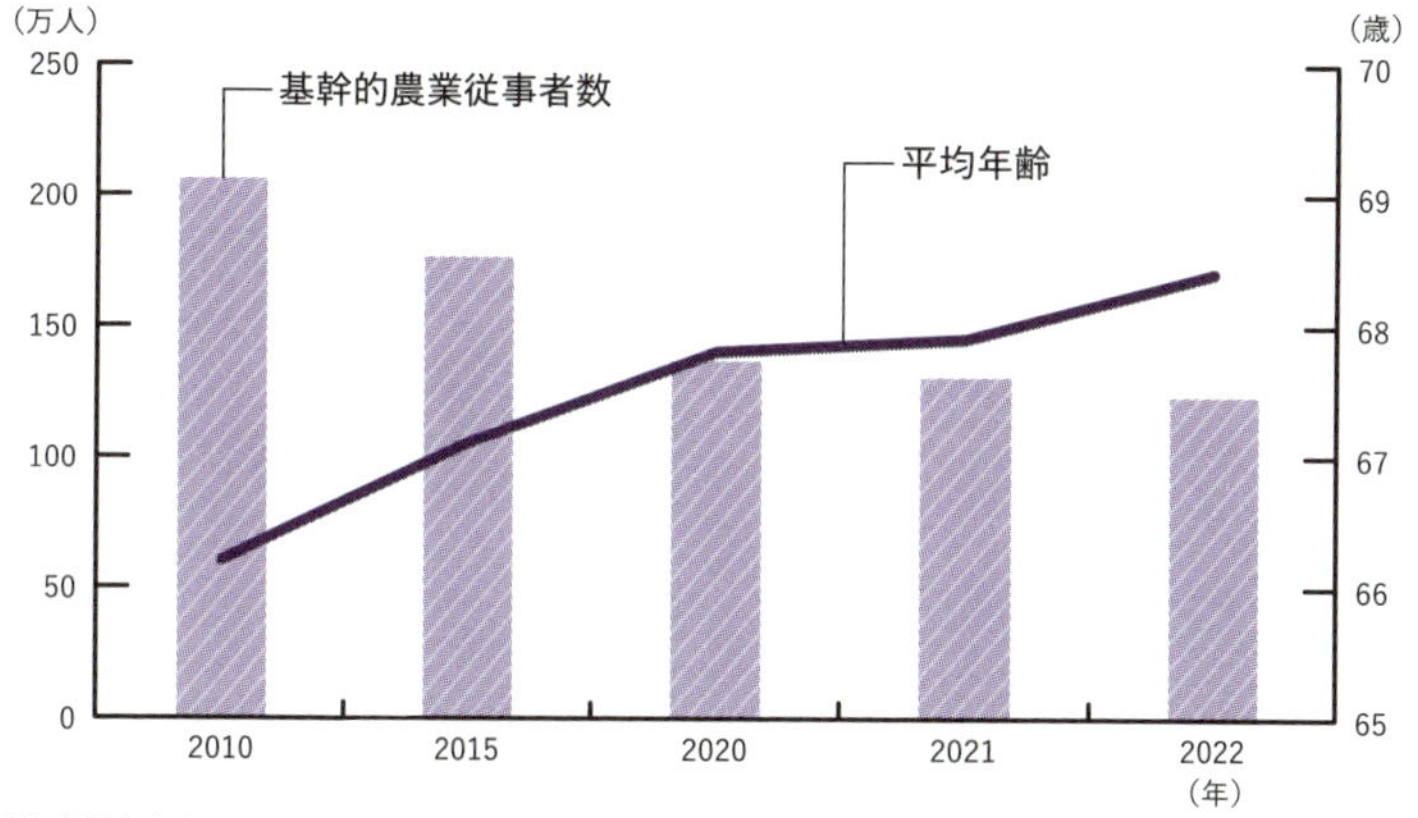

（出所）農林水産省

大規模な農地が増えると大型の機械を導入しやすくなり、作物をつくるための費用も下がります。デジタル技術の進展によって無人で自動走行する農機などが登場しています。ドローンで農薬を散布するといったことも可能になりました。企業が農業ビジネスに参入する動きが広がれば、成長が見込める分野でもあります。

販売先として国内だけでなく海外市場の開拓も重要です。22年の農林水産物・食品の輸出額は1兆4148億円と前年より14・3％伸びて過去最高を更新しました。政府は30年までに5兆円とする目標を打ち出しています。海外で「日本ブランド」に対する注目が徐々に高まっているなかで、勢いを持続できるかが問われています。

Q

33

エネルギー
政策

脱炭素に向けた国内の動きは何か。

A

エネルギー安全保障と経済成長、脱炭素を同時に追求します。150兆円規模の官民投資や原発の再活用で国際競争を勝ち抜く構えです。

2つの狙いから計画が進む国内DX

地球温暖化対策で温暖化ガスの排出量を大幅に減らす必要性が増すなか、ロシアのウクライナ侵攻に伴うエネルギー危機を受けて、**日本政府は2023年2月に「グリーントランスフォーメーション（GX）実現に向けた基本方針」を閣議決定しました。今後10年を見据え、エネルギーの安定供給、経済成長、脱炭素の3つを同時に達成するための計画です。**

そこには大きく2つの狙いがあります。

1つは国際競争力の強化です。米国や欧州、中国、インドなど多くの国がGX関連分野に大規模な投資を表明しています。環境分野は今後の成長が確実な市場で、蓄電池や水素といったクリーンエネルギーで技術的な優位を築けば、経済的な恩恵は大きいといえます。

もう1つは経済安全保障です。資源に乏しい日本のエネルギー自給率は1割強にすぎません。主要7カ国（G7）で最も低い水準で、有事でエネルギー輸入が途絶えれば国民生活や企業活動は大きな影響を受けます。

GX推進のための2つの柱

GX方針の目標を達成するために23年5月に成立したのが「GX推進法」と「GX電源法」で

GX2法を柱に日本の脱炭素は進む

GX推進法	GX電源法
今後10年で官民で150兆円の投資	原発の60年超の運転を可能に
20兆円規模のGX経済移行債発行	原発運転開始から30年を超えたら10年ごとに技術的評価
カーボンプライシングの導入	再生エネ導入拡大へ電力系統整備に交付金
発電事業者などを対象とした排出量取引制度	太陽光発電促進へ追加投資に新たな買取価格を適用

す。この2法を柱に、今後の日本の脱炭素政策は進んでいくことになります。

ＧＸ推進法は民間企業の環境分野への投資を促す目的でつくられました。政府は50年に国内の温暖化ガスの排出を実質ゼロにするためには今後10年で１５０兆円超の投資が必要と見ています。米国は22年夏に成立させたインフレ抑制法（ＩＲＡ）で気候変動分野に３６９０億ドル（約53兆円）を投ずると決めています。日本政府は20兆円を支出して、民間が１３０兆円を投資するよう環境を整える方針です。

この20兆円は政府が「ＧＸ経済移行債」と呼ぶ新しい国債を発行して調達します。その使途は、水素・アンモニアや再生可能エネルギー、蓄電池、製造業の省エネや燃料転換などが想定されます。

例えば、次世代の新エネルギーとして期待される水素に加え、太陽光発電では薄くて曲げられ、コストも従来型に比べて下げられる「ペロブスカイト型」と呼ばれる新技術、風力発電でも今後洋上での需要の増加が見込まれる浮体式などが挙げられます。もちろん、電気自動車（EV）の普及策や蓄電池の増産なども含まれるでしょう。

GX推進法でもう一つの重要な点は、経済移行債の20兆円分の回収手法です。これは「カーボンプライシング」の導入を通じてこの債券の償還資金を回収します。日本では化石燃料の輸入業者などに負担を求める「賦課金」と、CO_2の排出枠を電力会社などに買い取ってもらう「排出量取引」の2つのパターンで課金します。賦課金は28年度、排出量取引は33年度から始め、50年度までに償還を終える予定です。

排出量取引制度は欧州連合（EU）や中国など世界で広く取り入れられている手法で、国や業界全体で排出上限を設け、企業はその上限を下回るよう排出削減努力をするものです。上限を超えて排出してしまった企業は、上限を下回った企業からその差分を「排出枠」として購入できる仕組みがあります。

GX電源法は、11年に起きた東京電力福島第1原子力発電所の事故以降、国内で停滞していた原子力発電を再び活用することに主眼があります。再生エネを「主力電源」と位置づけつつ、原発も合わせて活用することで安定した電源構成を手に入れる狙いです。

日本の化石燃料依存度は高い

（1次エネルギー供給構成、2021年度）

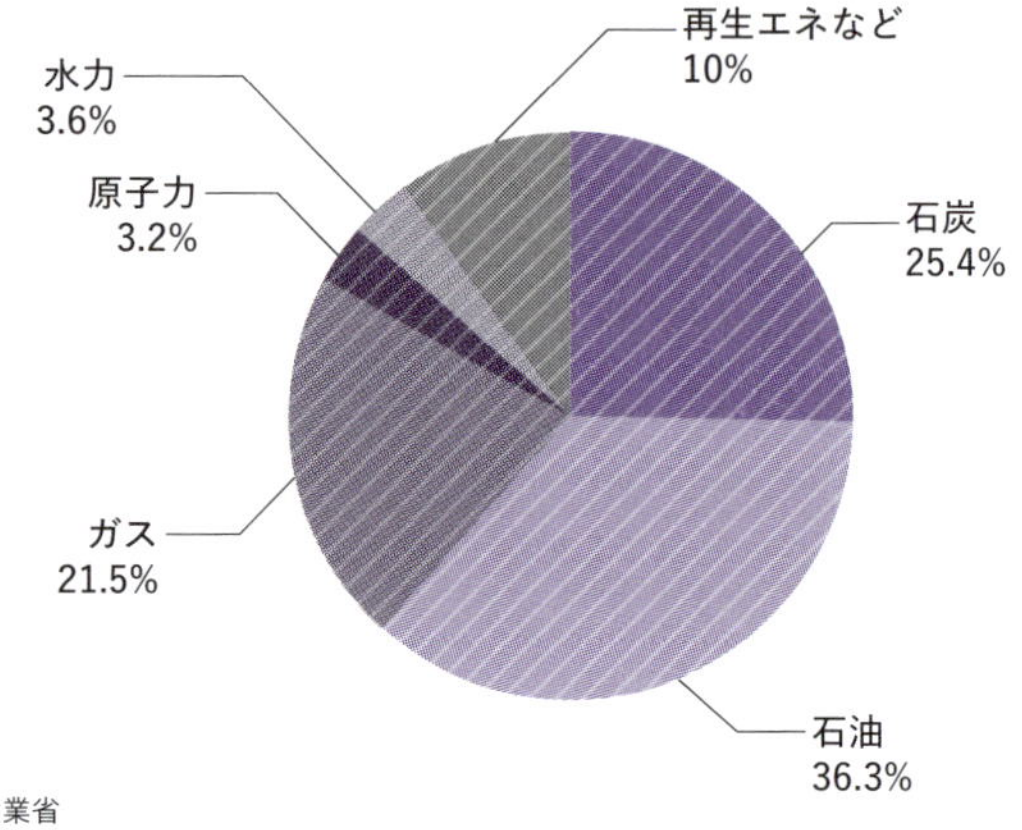

（出所）経済産業省

具体的には従来は原則40年、最長60年と定めていた原発の運転期間を60年超に延ばせるようにしました。安全審査などで停止していた期間を運転期間から除外して、その分は60年を超えて運転できるようになります。

政府は建て替えや新増設を「想定していない」としていた従来の立場を転換し、廃炉が決まった原発の敷地内で新しい原発の建て替えを進める方針です。「次世代革新炉」と呼ばれる新たな原発が候補です。建設費が抑えられ、安全性が高まる利点があるといわれています。

脱炭素を進めるにあたって重要なのはスピード感です。米国や欧州、中国やインドを含め、世界全体が脱炭素に向かっています。地球環境の観点から見ても、国際競争の観点から見ても、時間的な余裕はありません。

Q

34

SDGs

日本でのSDGsの取り組みは進んでいるのか。

A

経営目標に導入し、実行に移す企業が増えています。しかし女性の登用や気候変動対策などでさらなる取り組みが必要です。

日本はアジアで1位だが、全体ランクは2つ下がる

SDGsとは「Sustainable Development Goals（持続可能な開発目標）」の略称です。2015年9月の国連サミットにて全会一致で採択された「我々の世界を変革する：持続可能な開発のための2030アジェンダ」という文章のなかに17項目のゴールが設定されています。国連に加盟する193カ国が16年から30年までの15年間で達成することが求められています。

国連のアントニオ・グテレス事務総長は23年4月、「私たちが今行動しない限り、2030アジェンダはあったかもしれない世界の墓標になる」と危機感を募らせました。**国連によると、SDGsで定められた169の目標のうち、軌道に乗っているのはわずか12%で、50%の進捗は弱く不十分で、30%以上の目標は進捗が止まっているか、あるいは逆転しているとしています。**

SDGsの進捗の遅れの原因は新型コロナ感染拡大の影響や気候変動、ロシアのウクライナ侵攻など多岐にわたっており、極度の貧困に苦しむ人の数は4年前よりも増加しています。発展途上国は財政に制約を抱える一方、先進国も内向きとなり気候変動や途上国支援への資金拠出を渋っており、解決策は見えない状況が続いています。

国際的な団体、持続可能な開発ソリューション・ネットワーク（SDSN）は、17項目のゴールに対する達成度合いを国・地域別に分析したリポートを発行しています。23年の達成度ランキ

日本が達成しているのは17項目のうち2項目

（注）SDSNの「持続可能な開発レポート2023」をもとに作成

ングでは1位はフィンランド、2位スウェーデン、3位デンマークと北欧勢が上位を占めており、ドイツが4位、英国が11位で欧州も上位にランクインする結果となりました。日本はアジアでは最高位だったものの、前年より順位を2つ落として21位でした。また米国は39位、中国が63位という結果でした。

リポートでは足元の状況について「SDGsはまだ達成可能であり、どの目標も我々の手の届かないところにあるわけではない」と訴えていますが、残念ながら進捗度は限定的です。

ジェンダーや気候変動への取り組みがカギ

日本は④質の高い教育をみんなに、⑨産業と技術革新の基盤をつくろう――の2項目は達成済みです。一方で⑤ジェンダー平等を実現しよう、⑫つくる責任つかう責任、⑬気候変動に具体的な対策を、⑭海の豊かさを守ろう、⑮陸の豊かさも守ろう――の5項目は特に水準が低いとされており、改善が求められています。

特に深刻なのが、先進国で最も遅れているとされる女性の活躍です。経済協力開発機構（OECD）によると、東証上場企業の女性役員の比率は13％と主要7カ国（G7）で最低です。女性役員が1人もいない企業は東証プライム上場企業で344社と、全体の19％にものぼります。世界経済フォーラム（WEF）のジェンダー・ギャップ指数も23年で146カ国のうち125位となっています。

政府は23年6月、女性活躍・男女共同参画の重点方針（女性版骨太の方針）で、東証プライム上場企業は25年をめどに女性役員を最低1人起用し、女性役員比率は30年までに30％以上とする目標を掲げました。企業任せでは進まないとして、荒療治に出た形です。自民党も同党所属の女性国会議員の割合について、今後10年間で現在の1割強から30％まで引き上げる目標を立てています。

国連と民間が協力する日本組織グローバル・コンパクト・ネットワーク・ジャパン（GCNJ）のリポートによると、経営のトップ自らが「ジェンダー平等」という文言を用いて方針を表明している企業が、先進企業の一つの目安となるとしています。目標をかけ声倒れにしないためには、

どのSDGsのゴールを重点に選んで活動していますか

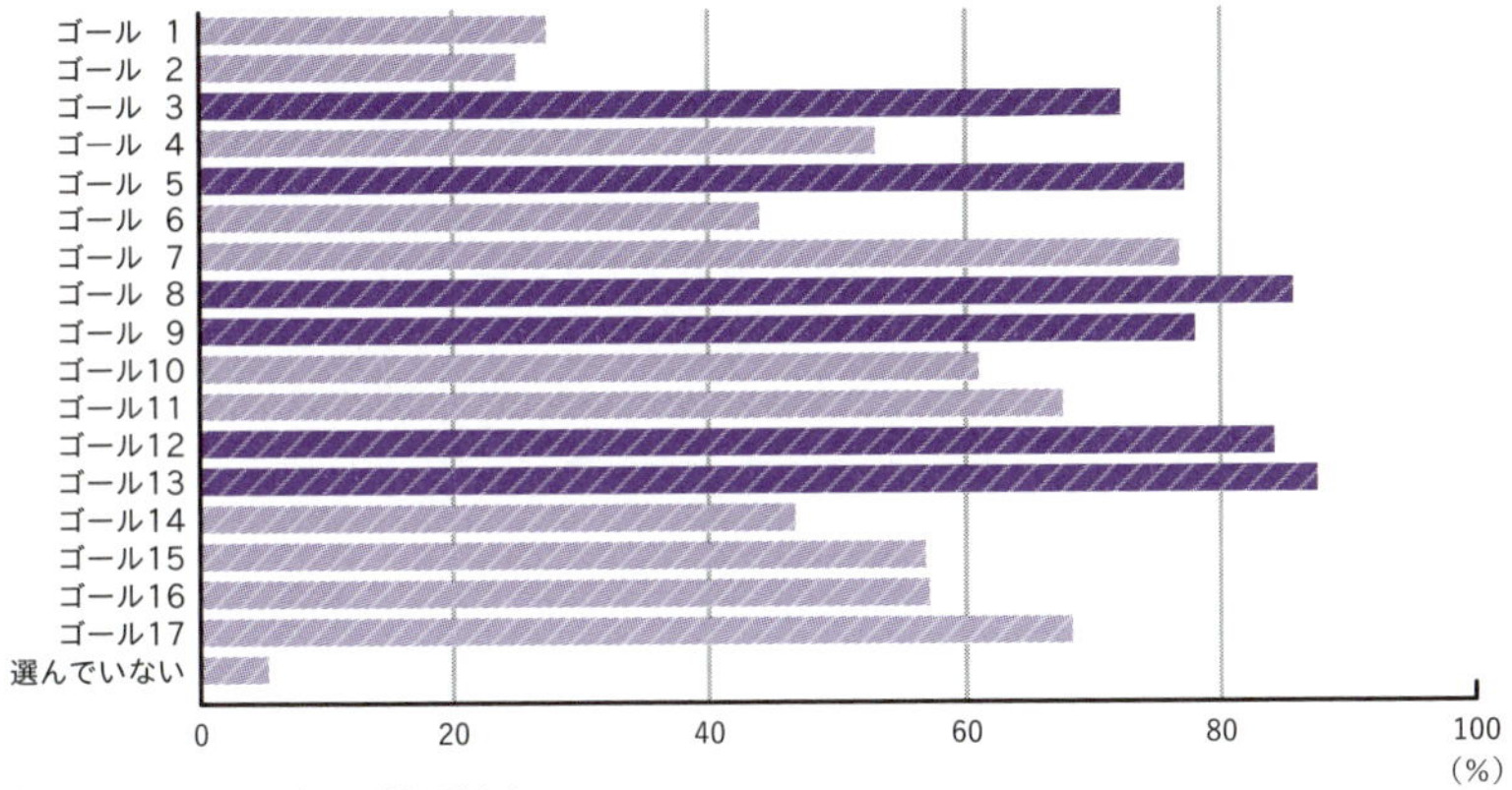

(注) 複数回答、コロナ禍の影響も踏まえて
(出所) GCNJ

リーダーシップの発揮が欠かせません。

気候変動への取り組みも喫緊の課題です。**脱炭素への取り組みもこれまで欧州に比べて遅れていましたが、政府と企業でつくる排出量取引市場「GXリーグ」が本格始動しました。**大企業が中心ではありますが、二酸化炭素（CO_2）の排出量目標を自ら設定し、削減に向けた取り組みが相次ぎ始まっています。

アサヒグループホールディングスは気候変動に伴うトウモロコシやコーヒーなどの収量減が経営のリスクになるとして、50年までに取引先も含めた「スコープ3」でCO_2排出量を実質ゼロにする目標を掲げています。出光興産は石炭の権益を一部売却して再生航空燃料（SAF）など次世代エネルギーに投資をし、化石燃料に依存した事業構造からの転換を進めています。

スコープ3　取引先などサプライチェーン（供給網）も含めた排出量のこと。自社排出分を示す「スコープ1」、電力などの使用に伴う「スコープ2」に比べて把握が難しいが、国際的な開示基準で開示が義務化されることが決まった。

Q

35

地球温暖化

日本でG7が開催されたが、地球環境に対する進捗はあったか。

A

ロシアのウクライナ侵攻を機に再生可能エネルギーの導入は拡大しています。温暖化防止という目標には一段の取り組みが必要です。

G7広島開催も、化石燃料については大きな進展なし

2023年は日本が主要7カ国（G7）の議長国を務め、5月には広島で首脳会議（サミット）が開かれました。ウクライナのゼレンスキー大統領が対面で参加するなど、ロシアのウクライナ侵攻への対応がサミットの大きな議題の一つでした。地球環境問題もこの文脈で討議されました。

G7の首脳は、地球温暖化対策の国際枠組み「パリ協定」が掲げる目標の達成に向けて、50年に地球の温暖化ガス排出を実質ゼロにすることを目指す方針を確認しました。

その具体策として新たに打ち出されたのが再生可能エネルギーの導入目標です。**G7として太陽光の導入容量を30年までに現在の3倍強の10億キロワット以上に拡大し、洋上風力は約8倍の1・5億キロワット増やす計画を掲げました。首脳レベルで具体的な数値を宣言したことで、各国の再生エネの普及は加速しそうです。**

一方で温暖化ガスを排出する化石燃料の利用をやめる時期を示すには至りませんでした。これまでの首脳宣言では石炭に絞っていたのを、石油や天然ガスを含む化石燃料全般に広げて段階的に廃止することは明記できたものの、経済成長が見込まれ、中長期的にエネルギー不足に陥りかねない新興国に配慮して期限の明示は見送りました。

パリ協定　地球温暖化防止のための国際枠組みで2016年に発効した。190カ国以上が参加する。世界の温暖化ガス排出量を頭打ちさせることを明記している。

ロシアの化石燃料のシェアは大きい

	天然ガス	石油	石炭
1	米国 (23.1)	米国 (18.5)	中国 (50.8)
2	ロシア (17.4)	サウジアラビア (12.2)	インドネシア (9.0)
3	イラン (6.4)	ロシア (12.2)	インド (8.0)
4	中国 (5.2)	カナダ (6.0)	オーストラリア (7.4)
5	カタール (4.4)	イラク (4.6)	米国 (7.0)
6	カナダ (4.3)	中国 (4.4)	ロシア (5.5)

(注) 2021年、( ) 内はシェア、%
(出所) 英BP

ウクライナ侵攻で浮き彫りになったエネルギー問題

世界の環境・エネルギー情勢は、22年2月のロシアによるウクライナ侵攻を機にがらりと変わりました。侵攻をきっかけにG7などの西側諸国はロシア産エネルギーへの依存の解消を急いでいます。ロシアからエネルギーを輸入し続けることは、代金支払いを通じてロシアがウクライナを攻める費用を間接的に負担することになるからです。

ところが、ロシアは世界有数の化石燃料の産出国です。英BPによると、21年にロシアは天然ガスの生産で2位、石油で3位、石炭で6位でした。エネルギー輸出国の米国はともかく、日本や欧州は大きな影響を受けています。事実、世界でエネルギー価格は上昇し、電気代やガス代は跳ね上がりました。

各国はロシアからの輸入停止で減った分のエネルギーの確保を急いでいます。その手段は大きく3つあります。1つはロシア以外から化石燃料を調達することです。実際、欧州連合（EU）は米国やノルウェーからガス輸入を増やしました。2つ目は使うエネルギーを減らす省エネルギーの徹底です。日本だけでなく、欧州でも冷房の設定温度を上げるなどの取り組みが広がりました。そして3つ目は、再生エネなど温暖化ガスが排出されない電源の拡大です。

化石燃料は産出地域の政情悪化や世界的な需要増加で価格が上昇することがありますが、日が照って風が吹けば電気をつくれる再生エネは「自国産」エネルギーといえます。再生エネを増やせば増やすほど、化石燃料への依存度を減らせるうえ、二酸化炭素（CO_2）など温暖化ガスの排出も減らせます。エネルギー安全保障の強化につながるため、先進国だけでなく中国やインドも力を入れています。

ロシアのウクライナ侵攻に端を発するエネルギー危機は各国が再生エネ普及に一段と注力するきっかけとなったのです。国際エネルギー機関（IEA）によると、22年の再生エネの発電容量は前年から3億4000万キロワット増え、過去最高となりました。23年は4億4000万キロワットとさらに勢いを増す見通しです。

排出のない電源には原子力もあります。11年の東京電力福島第1原子力発電所の事故後、世界

再生エネは急増している

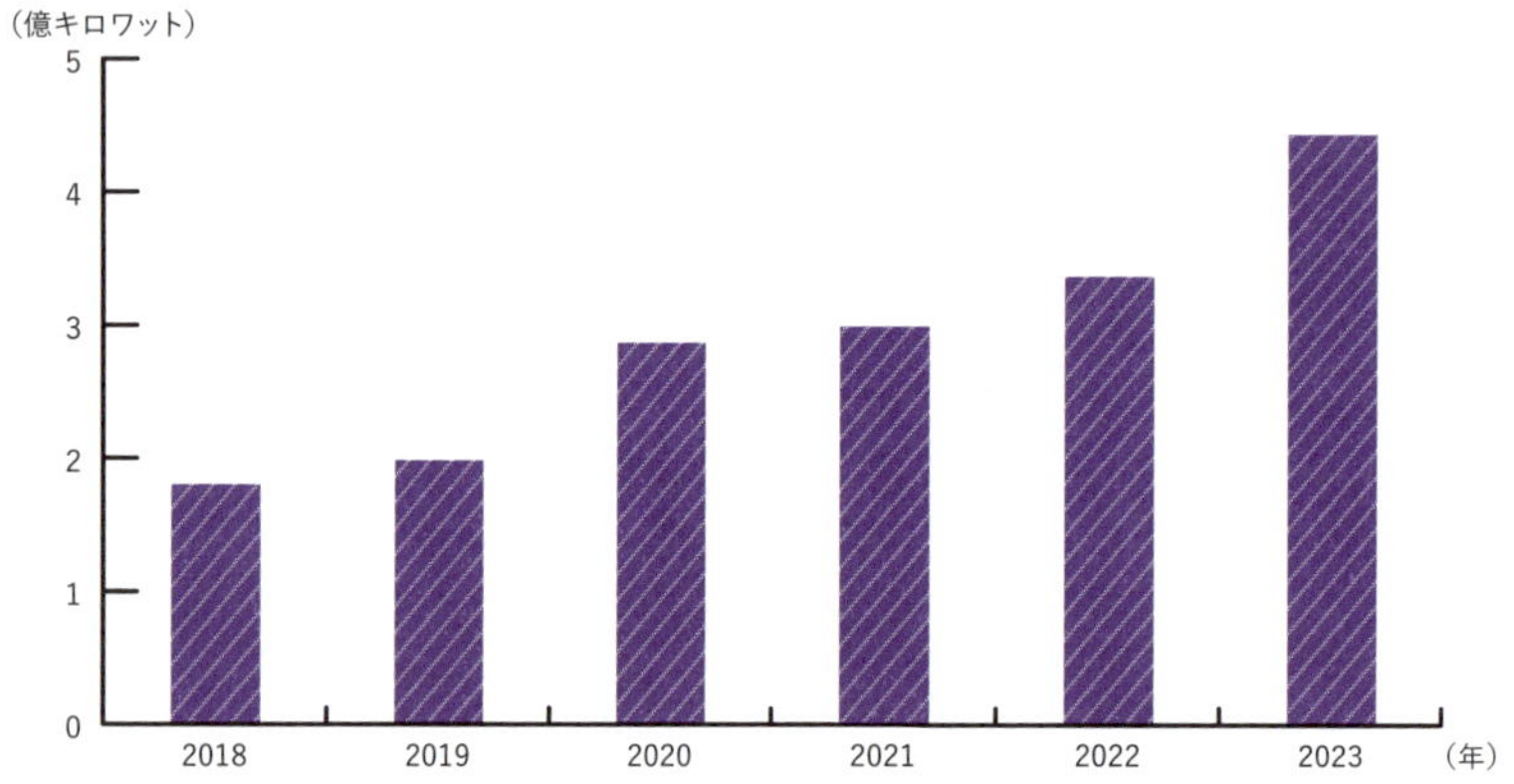

(注) 前年からの増加分、2023年は予測
(出所) IEA

では脱原発に動く国もありましたが、温暖化ガスの排出を減らす必要性が強まるなかで、原子力の役割に再び脚光があたっています。米欧や中国にとどまらず、新興国にも新設計画が相次いでいます。日本も岸田首相が、停止している原発の再稼働に加え、建て替えや60年超の稼働を進める方針を示しました。

　世界で脱炭素の取り組みが加速していますが、安心はできません。複数の国際機関は、現状の各国の排出削減努力ではパリ協定の目標達成にはほど遠いと分析しています。パリ協定は産業革命前からの地球の気温上昇を2度未満、できれば1・5度以内に抑えるよう求めていますが、今世紀末には2・5度前後上昇する可能性があります。各国の取り組みや国際協調が強化されるかが今後の焦点になります。

Q

36

情　報

日本のサイバー攻撃への備えは十分といえるのか。

A

電気やガスなど基幹インフラをサイバー攻撃から守るための環境整備を始めたばかりです。官民が連携して対応する必要があります。

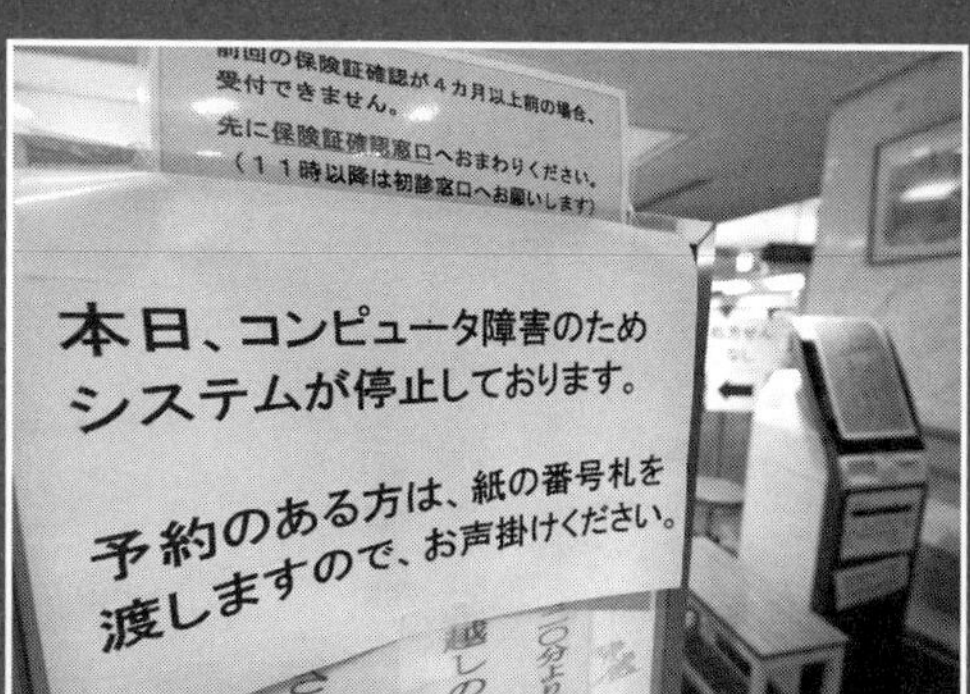

官民を挙げて備え急ぐ

サイバー攻撃が私たちの生活に直接影響を与える例が相次いでいます。2021年5月には米国の石油パイプライン最大手がサイバー攻撃を受けて停止に追い込まれ、ガソリン価格の上昇など燃料供給不安につながりました。同年10月には徳島県の公立病院のシステムがランサムウエア（身代金要求型ウイルス）に感染し、新規患者の受け入れを一時停止しました。22年3月にはトヨタ自動車が取引先の部品メーカーへのサイバー攻撃を理由に国内の全工場で生産を止めました。**情報通信研究機構（NICT）の調査によると、世界のサイバー攻撃に関する通信は13年から22年までの10年間で30倍近くに増えました。インフラ企業によって維持されている社会・経済機能がサイバー攻撃を受ければ、社会機能がまひしかねません。企業だけで攻撃を防ぐことは難しいため、政府は官民を挙げてサイバー攻撃への対処を急いでいます。**

22年5月には経済安全保障推進法を成立させ、電気やガス、石油、水道、鉄道、貨物自動車輸送、外航海運、航空、空港、電気通信、基幹放送、郵便、金融、クレジットカードの計14業種を「基幹インフラ」と定めました。23年4月には基幹インフラ企業が導入する設備を国が事前審査する基本指針を閣議決定し、24年春の運用開始を目指しています。

設備の一部に他国からの妨害にあたる「特定妨害行為」の手段として利用されるものが含まれ

世界でサイバー攻撃の活動量は急増

（1IPアドレスあたりの年間総観測パケット数）

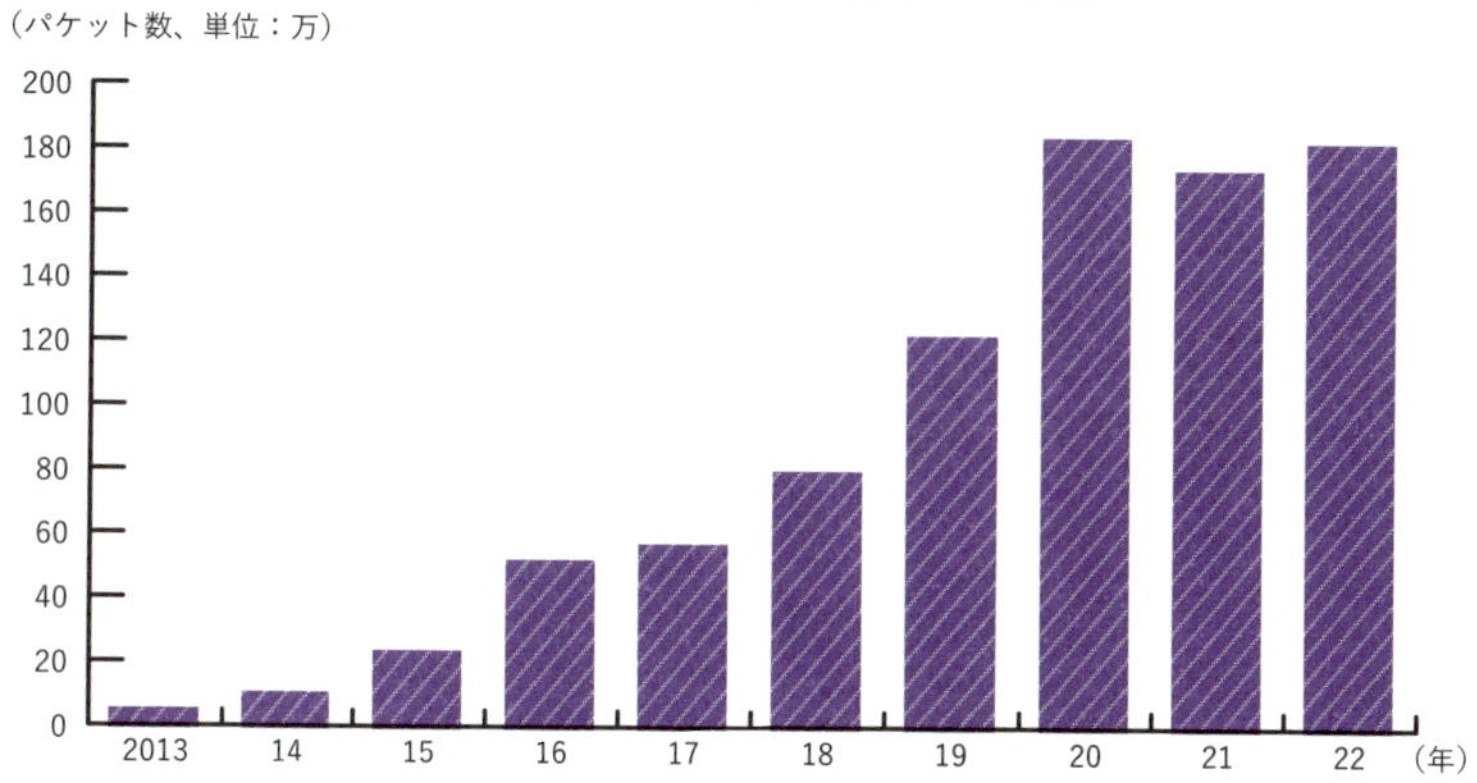

（注）サイバー攻撃観測網「NICTER」でダークネットと呼ばれる未使用のIPアドレスに届いたパケット数の推移
（出所）NICTER観測レポート2022

ないかを確認するため、設備の製造国や供給元企業などが安全かどうかをチェックします。あらかじめ不正なプログラムを設定し、サイバー攻撃に利用されるといった事例を想定したうえで、業務委託先の作業員によるスパイ行為を防げるかなどもポイントとなります。電気事業者の電力需給に合わせた発電所への出力指令システム、鉄道事業者のダイヤ管理や運行状況を把握するシステムなどが念頭にあります。

マイナンバーカードの普及など行政のデジタル化を進めていくうえでも基幹インフラのセキュリティー強化は避けて通れない課題です。

23年6月には、政府がサイバー攻撃を受けた当事者である富士通に異例の行政指導に踏み切りました。データ漏洩に8カ月も気づかず、立て続けに3度の不正アクセスを許すなど、対策がずさんで経営陣が責任を果たしていないことを重く見た対応です。

ロシアのウクライナ侵攻で脅威を再認識

ロシアによる22年2月のウクライナ侵攻はサイバー攻撃の脅威を改めて世界に知らしめました。ロシアは侵攻に先立ち、ウクライナの国防省や民間銀行にDDoS（ディードス）攻撃を仕掛けました。銀行システムは一時停止し、預金引き出しを求める住民に混乱が広がりました。侵攻前日には欧州地域をカバーする衛星通信事業者が破壊型サイバー攻撃にさらされ、ウクライナは通信不能に陥りました。物理的な攻撃はサイバー攻撃と組み合わせることで、より大きな威力を発揮することを浮き彫りにしました。

サイバー攻撃を外貨獲得の主要な手段とする国も出てきました。韓国政府の推計によると、北朝鮮は22年、サイバー攻撃による暗号資産（仮想通貨）の奪取で7億ドル以上を稼いだとされます。サイバー攻撃による窃取が急増した18年以降、軌を一にするように北朝鮮によるミサイル発射が頻発したとの指摘もあります。

サイバー攻撃は軍事技術にも転用できる最先端技術に関する情報の抜き取りにも使われています。防衛機密を扱う日本企業が中国の関与するサイバー攻撃グループの標的になった事例もわかっています。中国が世界最大のサイバー軍を持つことは隣国である日本にとって懸念材料です。

DDoS（ディードス）攻撃
データを大量に送りつけてサーバーをダウンさせる攻撃。

最近の主なサイバー攻撃の例

時期	対象	影響など
2021年3〜8月	米国の上下水道システム	ネバダ州、メイン州、カリフォルニア州のシステムが相次ぎ被害
5月	米石油パイプライン最大手「コロニアル・パイプライン」	すべてのパイプラインを一時停止。米運輸省が燃料輸送に関する緊急措置の導入を宣言
10月	徳島県の公立病院	電子カルテが暗号化されて閲覧不可に。新規患者の受け入れも停止
22年2月	トヨタ自動車に内外装部品を供給する企業	3月にトヨタの国内全14工場、28の生産ラインが一斉に停止
23年7月	名古屋港内のコンテナターミナル管理システム	コンテナの搬出入作業が不能に。身代金要求には応じず

日本は米国と19年に、米国の日本防衛義務を定めた日米安全保障条約5条がサイバー攻撃にも適用され得ることを確認しました。

弱点はサイバー防衛です。平和憲法を堅持する日本はサイバー分野でも「専守防衛」を原則としてきました。米欧は海外からの通信を監視し、不審なアクセスなどの攻撃元を特定して事前に対抗する「アクティブ・サイバー・ディフェンス（積極的サイバー防衛）」という体制で臨んでいます。

日本は22年末に決定した国家安保戦略に「能動的サイバー防御」との表現で導入を目指す方針を掲げました。憲法9条の専守防衛や21条の通信の秘密といった現在の法体系に抵触するおそれがあり、考え方の整理を進めます。

Q

37

安全保障

政府は2024年、安全保障を強化するためにどんな政策を推進するのか。

A

政府が保有する機密情報にアクセスできる人を有資格者のみに限定する「セキュリティー・クリアランス（適格性評価）」制度の導入に向け、必要な法案を国会に提出する準備を進めています。

経済安保推進法の4つの柱

岸田文雄政権は経済安全保障に力を入れています。経済安保とは国家や国民を守るために必要な経済分野の対策を講じることを指します。経済のグローバル化が進むなかで中国のような権威主義国の影響力が増し、守るべき対象と守るための手段が経済領域に広がりました。

2022年に成立した経済安保推進法は次の4つの内容が柱となっています。①半導体や重要鉱物、医療品など国民の生存や経済活動に不可欠な物資のサプライチェーン（供給網）づくり、②電力や金融、鉄道といった基幹インフラをサイバー攻撃などから守る安全確保、③人工知能（AI）や量子といった先端技術に関する政府の研究開発支援、④重要技術が海外で軍事転用されるのを防ぐ特許の非公開制度の創設――です。それぞれに重要な意義があります。

権威主義国は自国の目的を達成するために重要物資に輸出制限などをかける「経済的威圧」と呼ばれる手段をとることがあります。10年に、中国が日本へのレアアース輸出を規制したのはその一例といえます。こうした事態に直面しても日本の経済活動に影響が出ないよう、重要物資を信頼できる国から安定調達できるネットワークをつくる必要性が高まりました。

サイバー攻撃から社会インフラを守る体制強化も欠かせません。インフラが止まれば社会経済活動に甚大な影響があります。

22年に成立した経済安保推進法の4本柱

	内　容	施行時期
1	半導体や重要鉱物、医療品など国民生活や経済活動に不可欠な物資の安定供給網づくり	2022年8月
2	電力や金融、鉄道など社会の基幹インフラをサイバー攻撃などから守る安全確保	23年末〜24年初めの見込み
3	政府による人工知能（AI）や量子といった先端技術の研究開発支援	22年8月
4	中国やロシアなどを念頭に重要技術が軍事転用されないよう特許の非公開制度を創設	24年春の見込み

AIや量子、宇宙といった先端技術の活用はこれからが本番です。今後の国力を左右するだけに官民で協力する必要があります。兵器に活用できるような技術の特許は非公開にする「秘密特許」の制度も重要性が高まっています。

これら4本柱のうち、①の安定供給網づくりと③の技術開発支援に関する部分は22年8月に施行済みです。②の基幹インフラの安全確保は23年末から24年初めごろ、④の秘密特許制度については24年春ごろからとなる見通しです。

情報流出を防ぐための制度づくりが開始

政府はさらに24年にセキュリティー・クリアランス制度を創設するための法整備を目指しています。政府が保有する安保上の機密情報にアクセスする人の信頼性を審査したうえで資格を与える仕組みです。中国やロシアなどへの情報流出リスクを減らすのが目的です。

主要7カ国（G7）のなかでセキュリティー・クリアランスの制度がないのは日本だけです。14年に施行した特定秘密保護法で導入された外交や防衛に関する重要情報の取り扱いを有資格者に限定する制度は国家公務員を主な対象としています。軍事利用されるリスクがある重要技術を守るために広く民間人も対象とする新たな資格制度を設けるべきだと政府は判断しています。

理由の一つはセキュリティー・クリアランスの資格を持っていないと先端技術を扱う政府調達や国際会議に参加できないことがあるためです。

政府が実施した民間企業や研究者へのヒアリングでは「参加条件を機密資格保有者とした国際会議に出席できなかった」「海外企業からの依頼や国際共同開発で十分に情報を共有されなかった」といった声が上がりました。

高市早苗経済安保相は23年6月の記者会見で「日本企業がみすみす海外においてビジネスチャンスを失うとの危機感が非常に強い」と指摘しました。一方で、機密を取り扱う人の審査は経歴だけでなく家族構成、犯罪歴などに踏み込むとの想定があります。プライバシーへの配慮は欠かせません。

政府は23年2月に有識者会議を設置して制度づくりに向けた論点整理を始めました。6月に公

セキュリティー・クリアランスに関する有識者会議の中間論点整理のポイント

機密指定する範囲は
「我が国として真に守るべき政府が保有する情報に限定」

対象として経済制裁に関する分析関連や
宇宙・サイバー分野の重要技術などを例示

審査する際の身辺調査は「本人の同意が大前提。
プライバシーとの関係を十分踏まえ適切な整理が必要」

国が一方的に規制を課すことは民間活力を
阻害する懸念もあることに留意が必要

表された中間論点整理は機密指定する範囲を「我が国として真に守るべき政府が保有する情報に限定」するよう提案しました。例示したのは経済制裁に関する分析関連や宇宙・サイバー分野の重要技術などです。

審査する際の身辺調査は「本人の同意を得ることが大前提」とも明記しました。政府はこうした指摘を考慮したうえで具体的な法案作成作業に入ります。

経済安保の概念は広く、法整備が必要になる領域は拡大していく見込みです。国の守りを固める体制づくりを進めながらも、企業が萎縮するような過度な国の介入や監視も防がなければなりません。経済安保の強化と企業の活力を両立させる意識が不可欠となります。

第5章

世界の動きを捉える

Q

38

アジア

中国、台湾とアジアのパワーバランスはどう変化しているのか。

A

中国は台湾統一を掲げてインド太平洋地域で軍事的威《い》嚇《かく》を繰り返し、周辺のアジア諸国と対立を深めています。

台湾統一目指し、相次ぎ威嚇行為

中国の習近平《シー・ジンピン》総書記（国家主席）は2022年10月の中国共産党大会の政治報告の場で、台湾統一のためには「決して武力行使の放棄を約束しない」と述べ、統一への揺るがない決意を改めて示しました。「台湾問題の解決は中国人自らが決める」とも述べ、米国の介入をけん制しました。

台湾側も中国への反発を強めています。習氏の発言に対し、台湾は「主権を譲歩せず、民主主義・自由について妥協しない」と意思表示しました。

中国軍機が台湾海峡の事実上の停戦ライン「中間線」を越えたり、台湾の防空識別圏（ADIZ）への侵入を繰り返したりと、中国は台湾への威嚇行為を続けています。22年8月には中国軍が台湾周辺で演習し、弾道ミサイル5発が日本の排他的経済水域（EEZ）に落ちました。

非軍事的な手法でも、中国は台湾への圧力を強めています。**防衛省防衛研究所の報告書によると、中国が台湾の重要機関に数億回にわたってサイバー攻撃を繰り返す、台湾への信頼を低下させるように情報工作するなどの事例がありました。**

威嚇の対象は台湾にとどまらず、周辺国にも向いています。防衛省によると、23年4月の約2週間の間で、太平洋上における中国空母での発着艦は600回以上にのぼったということです。同じく4月には、中国軍の爆撃機2機が沖縄本島と宮古島の間を往復しました。南シナ海では23

共産党大会　中国共産党の指導体制や基本方針を決める最高意思決定機関。5年に1度開き、幹部の中央委員の選出や党規約の改正、重要な政策課題を討議する。共産党は政府にあたる国務院や、国会に相当する全国人民代表大会（全人代）より上位にあり、党大会が国家の重要方針を決める場となる。

中国は台湾やアジア諸国への威嚇を繰り返す

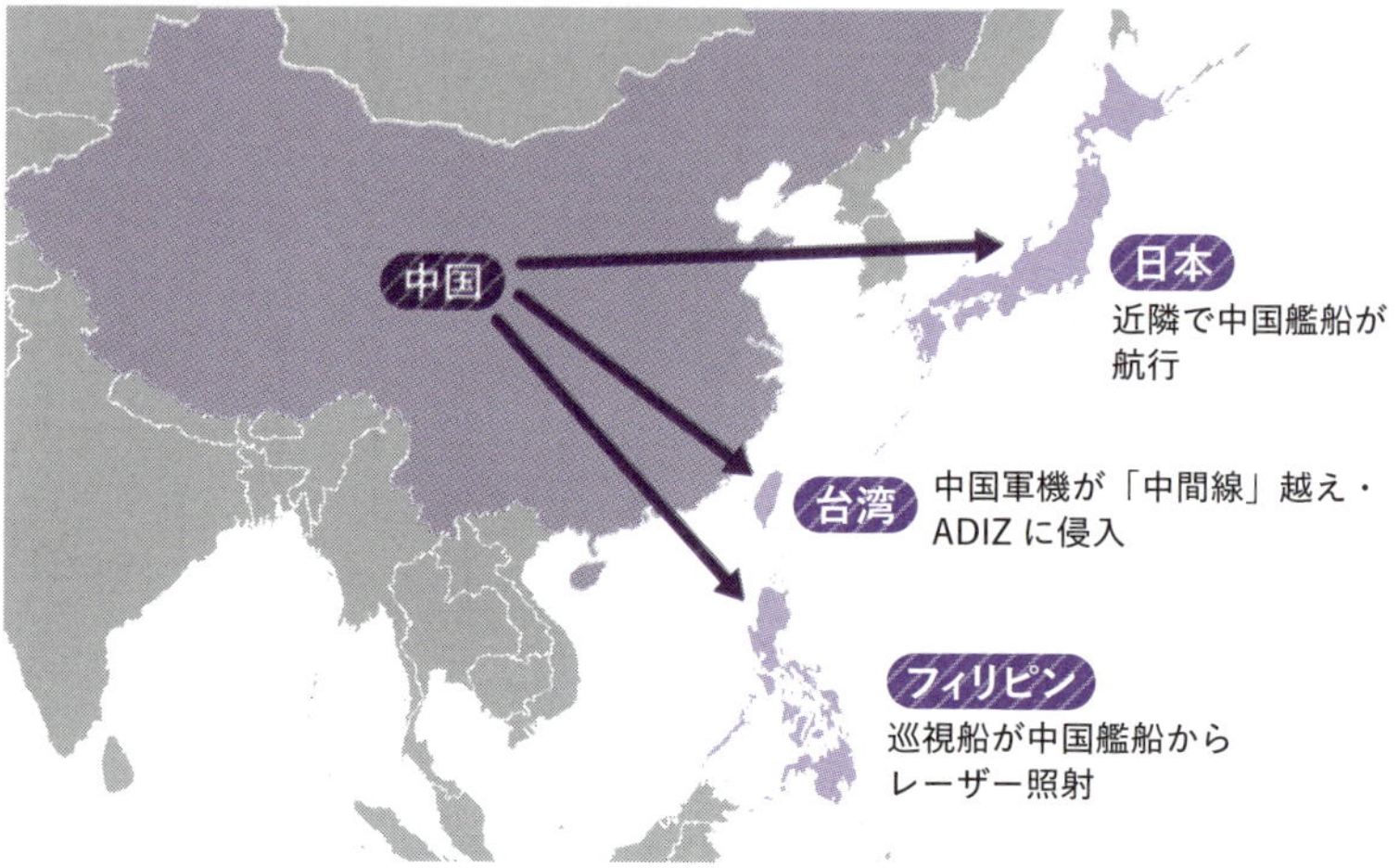

年2月、フィリピンの巡視船が中国艦船からレーザー照射を受けるという事態も発生しました。

中国は軍事力を増強し続けています。スウェーデンのストックホルム国際平和研究所（SIPRI）によると、中国の核弾頭数は23年1月時点で410発となり、1年で2割近く増えたということです。中国は国家安全保障に必要な「最低水準」であると主張していますが、米国が5000発以上保有していることを念頭に、核戦力を拡大していることが明らかです。中国は米国への対抗姿勢を明確にしています。米国は中国本土と台湾が不可分だという中国の立場に異を唱えないものの、台湾の安全保障に関与する「一つの中国」政策を掲げているためです。22年8月に米国のペロシ下院議長が台湾を訪問した際は、中国が対抗措置として台湾周辺で大規模演習を実施しました。また23年2月には偵察気球を米国本土の上空に飛来させました。

6月にはブリンケン米国務長官が中国を訪問し、習氏との対話を実現しました。ブリンケン氏は「前進があった」と手応えを示したうえ、さらなる対話で関係の安定を図る必要性を強調しました。

中国はRCEP主導、TPPには加盟申請

中国は経済においても、多国間枠組みのなかで影響力を増そうとしています。

中国は22年1月に発効した東アジアの地域的な包括的経済連携（RCEP）を主導しています。東南アジア諸国連合（ASEAN）の国々などが加盟国です。RCEPは中国が参加している唯一の大型自由貿易協定で、参加国の国内総生産（GDP）の総額は世界全体の3割と、環太平洋経済連携協定（TPP）を上回っています。

また、中国は21年9月にTPPへの加盟を申請しました。TPPは日米など環太平洋の国々が交渉を主導した経済連携協定です。17年には、米国がトランプ前政権下で自国の産業や雇用を脅かすとして離脱しました。中国の加盟が実現するかどうかは疑問視されていますが、中国は世界2位の経済規模を背景に、TPPのルール整備の主導権を握ろうとしている模様です。23年3月には英国の加盟が認められました。


環太平洋経済連携協定（TPP）　関税障壁の原則撤廃など高い水準の貿易自由化を目指す通商協定。

東南アジア諸国連合（ASEAN）　1967年の「バンコク宣言」によって設立された。現在はインドネシア、カンボジア、シンガポール、タイ、フィリピン、ブルネイ、ベトナム、マレーシア、ミャンマー、ラオスの10カ国で構成されている。

インド太平洋地域の経済枠組み（2023年7月時点）

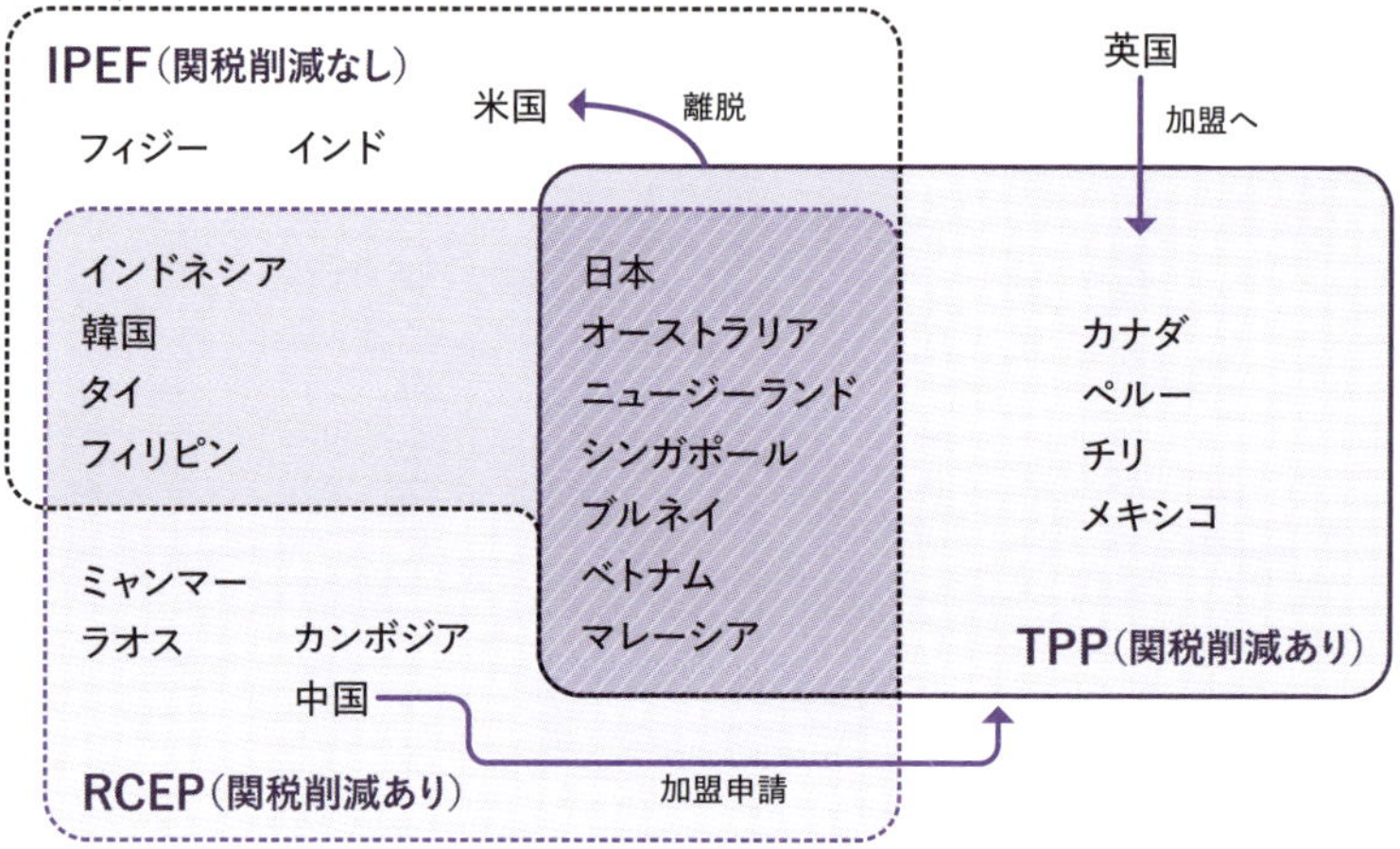

新型コロナの感染を抑え込む「ゼロコロナ」政策が23年1月に終わり、中国の経済活動は正常化しています。タイ、インドネシア、カンボジアをはじめとし、アジア各国への団体旅行が解禁されたことで、中国人観光客の増加が各国経済を押し上げると見られています。

アジア開発銀行は中国がアジア経済において存在感を高めていくとの見方を示す一方で、経済回復の持続力には疑問があるとしています。コロナ前のような高い成長率でアジア経済を引っ張っていくことは難しいかもしれません。

Q

39

国際関係

韓国や北朝鮮と日本の関係に変化はあったのか。

A

北朝鮮はかつてないペースでミサイルの発射実験を繰り返しています。高まる脅威に対抗するため、日韓は関係改善を急いでいます。

北朝鮮に対する日韓の連携が進む

防衛省によると、北朝鮮は2022年、過去最多となる31回にわたり、少なくとも59発の弾道ミサイルなどを発射しました。23年も6月中旬までで9回、少なくとも12発を発射しています。

北朝鮮は軍事力の向上こそが国の生き残りの道だと考えています。21年には「国防5カ年計画」を打ち出し、軍事偵察衛星の運用や固形燃料式の大陸間弾道ミサイル（ICBM）開発などを目標に掲げました。近く、7度目となる核実験を実施するのではないかとの懸念も高まっています。

北朝鮮の脅威に対抗するため、日韓は関係改善を急いでいます。韓国の尹錫悦《ユン・ソンニョル》大統領が23年3月に来日したことを皮切りに、首脳同士が相互に訪問し合う「シャトル外交」が再開しました。再開は12年ぶりのことです。

両国間最大の懸念となっていた元徴用工問題の解決に向け、韓国側が歩み寄ったことで実現しました。23年3月、尹政権は賠償金を日本側が支払わず、韓国政府傘下の財団が肩代わりする解決策を示しました。

韓国の元徴用工らが起こした訴訟で同国大法院（最高裁）は18年、日本側に賠償金の支払いを命じる判決を出しました。日本政府は1965年の国交正常化にあたって結んだ請求権協定で問題は解決済みとの立場だったため「賠償には応じられない」と反発していました。

元徴用工　第2次世界大戦中、朝鮮半島などから日本に渡った労働者。

Q
39
国際関係

北朝鮮による弾道ミサイルなどの発射

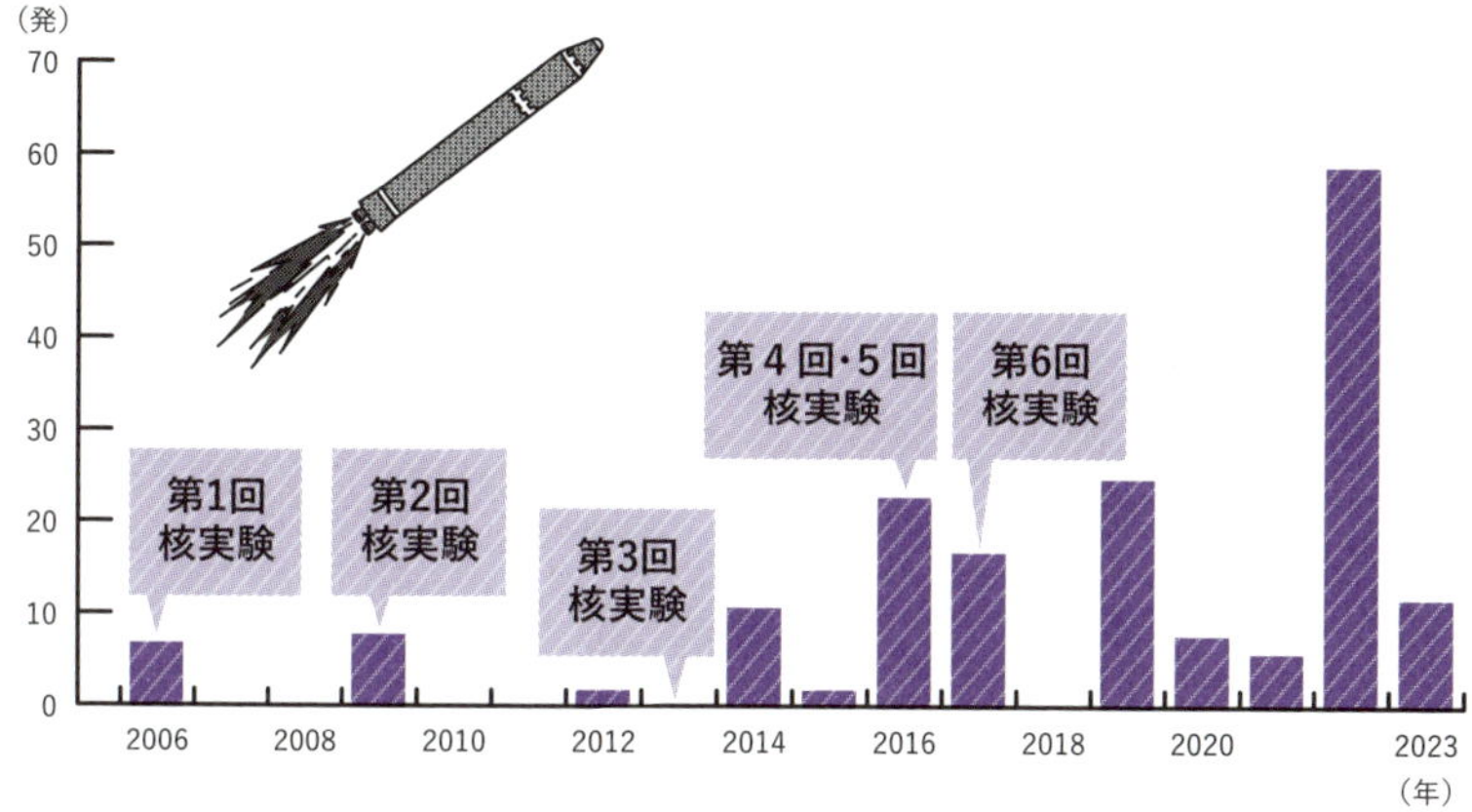

（注）防衛省の発表にもとづく。2023年の数値は6月中旬時点

尹氏は２０２２年５月に就任し、左派の文在《ムン・ジェ》寅《イン》前政権から対日政策を一転させました。両国のわだかまりの原因となってきた歴史問題に固執せず、未来に向けて関係を構築する姿勢を明確にしています。

足元では北朝鮮問題に加え、ロシアのウクライナ侵攻や中国による台湾に対する圧力の高まりなど、安全保障を巡る環境が大きく変化しています。尹氏は今後、日韓の連携が一層重要になると考えているようです。

実際に23年３月の首脳会談で両国は安保協力について協議し、日韓軍事情報包括保護協定（ＧＳＯＭＩＡ）の正常化が宣言されました。北朝鮮のミサイル発射など、軍事関連の機密情報を日韓で融通するため16年に締結されましたが、関係悪化を受け、韓国側が協定の破棄を通知していました。最終的に米国の反対を受けて破棄手続きは凍結されていましたが、運用は不安定でした。

韓国の歩み寄りに応じ、日本政府も対韓政策を変化させています。政府は23年7月、韓国に対する輸出管理の厳格化措置をすべて解除しました。「輸出品が軍事転用されることを防ぐ」などとして、19年、半導体材料などを対象に導入していました。韓国側は「元徴用工問題を巡る判決に対する経済報復だ」と反発し、日本製品の不買運動も起こりました。

23年5月に広島で開催された主要7カ国首脳会議（G7サミット）にも尹氏が招待されました。日韓首脳は会談を開いたほか、そろって原爆で犠牲となった韓国人の慰霊碑を参拝し、両国の関係改善を印象づけました。

尹氏の「未来志向」が今後の国交を左右

課題は残っています。例えば東京電力福島第一原子力発電所の多核種除去設備（ALPS）処理水の海洋放出です。日本側は「安全基準を十分満たしている」としていますが、韓国では野党側が大きな反発を示しています。国民のなかでも懸念を持つ人が少なくありません。

韓国海軍による自衛隊機へのレーダー照射問題も尾を引いています。18年に海上自衛隊機が日本海を飛行中、韓国軍艦から火器管制レーダーを照射され、両国関係が悪化する原因となってい

日韓関係を巡る直近の出来事

2022年5月	韓国で尹政権発足
11月	日韓首脳がカンボジアで会談
2023年3月	韓国側が元徴用工問題で賠償金を肩代わりする解決策を公表
	東京で日韓首脳会談
5月	岸田首相が韓国訪問
	日本政府がG7広島サミットに尹氏を招待
7月	日本政府が韓国に対する輸出管理厳格化措置を解除

ました。日韓は23年6月にシンガポールで防衛相会談を開き、問題について話し合いましたが、韓国側は現在も照射を否定しています。日韓の主張は完全に食い違っている格好です。両国は今後、事実解明に焦点をあてず「再発防止に努める」との方針です。

最近では文化交流などを通し、互いの国に親しみを感じるという若者も目立ちます。しかし韓国には依然、歴史問題を巡って強い反日感情を持っている人が少なくありません。

尹氏の「未来志向」外交がどれほど国民の支持を得られるかも今後の日韓関係にとって重要なカギとなりそうです。

Q

40

ロシア

ロシアとウクライナの現状はどうなのか。

A

ウクライナは領土奪還に向けた反転攻勢を進めていますが、当初計画からの遅れが懸念されています。一方、ロシアでは民間軍事会社による武装蜂起が発生し、プーチン政権の弱体化が指摘されています。

戦争終結の見通しは立たず

ロシアのプーチン大統領は2022年2月24日に「特別軍事作戦」の開始を宣言し、隣国ウクライナへ軍事侵攻を始めました。ウクライナのゼレンスキー大統領を「ネオナチ政権」と非難し、ロシア語話者が多いウクライナ東部の住民をウクライナ政府による弾圧から保護すると述べました。自らウクライナに侵攻したにもかかわらず、直近では「西側諸国から戦争を仕掛けられた」と主張し、自国の危機を理由に国民に団結を求める姿も見られます。ロシア側は当初、短期決戦を予定していたと見られますが、相次ぐ士官の死亡もあり、勢いを失っています。ウクライナ側に味方してロシアへの越境攻撃に参加するロシア人武装組織も現れています。

ゼレンスキー政権は停戦交渉について「自国本来の領土を回復した後にのみ可能」との認識を示しています。戦争終結の見通しは依然として立っていません。ロシア軍は無人機（ドローン）などでウクライナの首都キーウ（キエフ）などを含む市街地にもたびたび攻撃を仕掛けており、民間人にも多大な被害が出ています。

国連機関の推計によると、ウクライナ侵攻開始から23年6月中旬までにおけるウクライナの領土内（ロシア側の占領地を含む）での市民の死傷者数は2万4000人を超えました。ウクライナから海外への避難民は23年7月時点でおよそ620万人に達しています。

戦争終結の見通しは立たず

2022年2月	プーチン大統領が「特別軍事作戦」の開始を宣言。 ロシアがウクライナ各地に侵攻開始
5月	ロシアが第2次世界大戦の対ドイツ戦勝記念日に恒例の軍事パレードを開催。プーチン氏が演説でウクライナ侵攻の正当性を主張
12月	ゼレンスキー大統領が米議会で演説
23年2月	バイデン米大統領がウクライナの首都キーウ（キエフ）を電撃訪問
3月	岸田文雄首相がキーウを訪問。一方で中国の習近平国家主席は ロシアを訪問
5月	モスクワのクレムリン（大統領府）にドローン攻撃が発生
	ゼレンスキー氏が広島を電撃訪問。主要7カ国首脳会議 （G7広島サミット）に対面で参加
6月	ウクライナ南部ヘルソン州のカホフカ水力発電所のダムが決壊
	ロシアの民間軍事会社ワグネルによる武装蜂起が発生。 ベラルーシのルカシェンコ大統領の仲介によって1日で収束

日米欧はウクライナ支援への結束を強めています。23年2月にバイデン米大統領、3月には日本の岸田首相がキーウを訪問しました。ゼレンスキー氏も23年5月に広島で開かれた主要7カ国首脳会議（G7サミット）で電撃来日を果たしました。同氏は演説で原爆投下後の広島と、ウクライナ侵攻の激戦地バフムトの様子が「似ている」と語りました。「ロシアを最後の侵略者にしなければならない」と訴え、軍事支援の強化などを求めました。

一方で、ロシアと経済的なつながりの深い新興国を中心に、ウクライナ侵攻への中立姿勢を貫く国も目立ちます。インドのモディ首相は広島でゼレンスキー氏と会談し、問題解決のために「個人的にできることは何でもする」と述べましたが、インドは安価なロシア産原油の輸入を増やし続け、ロシアの戦時財政を支えています。

ウクライナが反転攻勢、プーチン政権の弱体化で今後は不透明

ウクライナは西側諸国の支援を受け、6月から領土奪還に向けた反転攻勢に打って出ました。ただ23年6月上旬にウクライナのカホフカ水力発電所のダムが爆破され、南部ヘルソン州を中心に大規模な洪水が発生しました。インフラの損失などの被害総額は3000億円ほどに達すると見積もられています。ロシア側が支配するドニエプル川の対岸への進軍にも支障が出ました。

カホフカダムは欧州最大級のザポロジエ原子力発電所の冷却水を取水するためにも使われています。また同原発の周辺では対人地雷が見つかっています。戦況の先行きを見通すうえで、大きなリスク要因となっています。

ウクライナ侵攻が長期化するなかで、プーチン政権の基盤も揺らいでいます。6月にはロシアの民間軍事会社ワグネルの創設者であるプリゴジン氏が武装蜂起を宣言し、ロシア南部の都市ロストフナドヌーなどを制圧しました。

ワグネルは激戦地バフムトなどで存在感を示していました。一方で、かねてよりプリゴジン氏とロシアのショイグ国防相、ゲラシモフ参謀総長との戦果などを巡る不協和音が伝わっていました。5月にはプリゴジン氏がバフムトから部隊の引き上げを表明するという一幕もありました。

ウクライナ侵攻は長期化の見通し

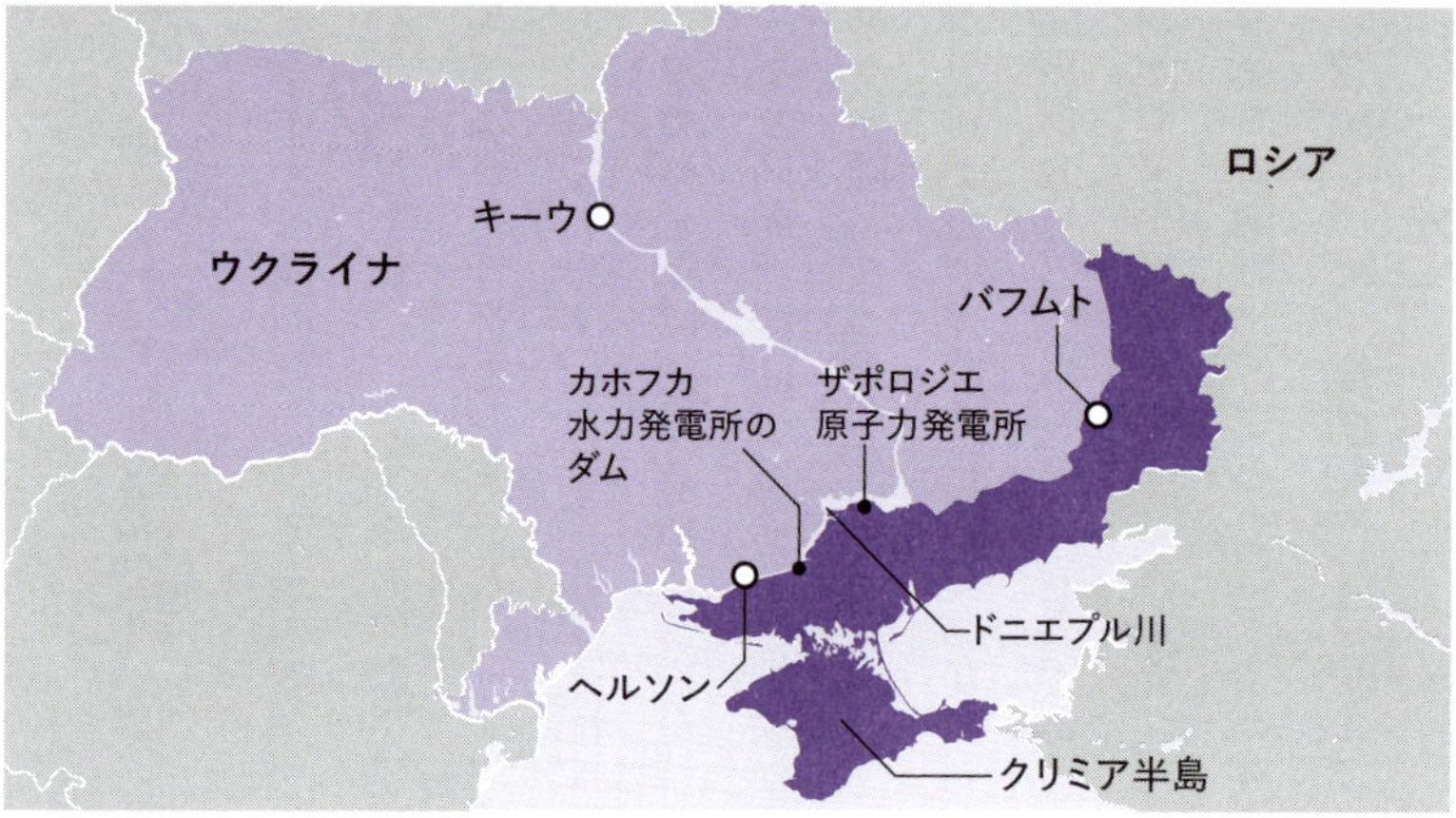

（注）■はロシア軍が支配・侵攻している地域（2023年7月時点）
（出所）米戦争研究所

ショイグ氏は6月に志願兵に対してロシア軍との契約を命じます。ロシア軍によってワグネルが解体されるという懸念がプリゴジン氏を武装蜂起に向かわせた一因とも見られています。ワグネルの進軍は一時モスクワから南に約200キロメートルの距離にまで迫ったとされますが、ベラルーシのルカシェンコ大統領の仲介もあり、武装蜂起は1日で収束しました。

ワグネルの乱はロシア軍内部の対立も明るみにしました。プリゴジン氏と関係が近く、ロシア軍でウクライナ侵攻の副司令官を務めるスロビキン氏は、武装蜂起を事前に把握していたと報じられています。

プーチン政権の弱体化の度合いとロシア軍内部の対立が、ウクライナ情勢の行方を左右しそうです。

Q

41

中国

中国経済の今後の成長はどうなるのか。

A

新型コロナウイルスを封じ込める「ゼロコロナ」政策は終わりました。ただ景気回復は鈍く、人口減少や米国との対立など課題を多数抱えています。

ゼロコロナからの回復は道半ば

2023年6月下旬、中国・天津《てんしん》。新型コロナ禍を経て4年ぶりに開かれた夏季ダボス会議は、李強《リー・チャン》首相が中国景気の回復に向けた決意を国内外に訴えかける舞台となりました。「23年4～6月期の成長率は1～3月期（4・5％）を上回る見通しだ」「23年通年の5％前後の成長率目標は実現可能だ」――。

中国は20年以降、厳格な移動制限を伴う「ゼロコロナ」政策を敷きました。世界随一の厳しさといわれた同政策の転換点となったのは、22年秋ごろに各地で広がった抗議活動です。12月には北京や上海で公共施設に入る際の陰性証明の提示など一部規制を緩和。翌1月には外国などから中国本土に入る際の隔離措置も撤廃しました。

「ゼロコロナ」後の中国経済は当初、V字回復を期待する声が上がりました。**中国国家統計局によると23年1月の製造業購買担当者景気指数（PMI）は50・1。前月より3・1ポイントの大幅改善となり、好調・不調の境目である50を4カ月ぶりに上回りました。消費者物価指数（CPI）も1月は前年の同じ月と比べて2・1％上昇。外食や旅行需要の回復が鮮明になりました。**

ただ、その後の回復には陰りが見えるようになります。23年5月の工業生産は前年同月比3・5％増どまり。4月の5・6％増から縮まりました。伸

夏季ダボス会議　世界経済フォーラム（WEF）がスイス・ダボスで毎年冬に開く国際会議の中国版として2007年に始まった。新型コロナウイルスの感染が流行する前の19年までは毎年夏に遼寧省大連市と天津市で交互に開催していた。

中国の経済成長は鈍化

（前年と比べた国内総生産の増加率）

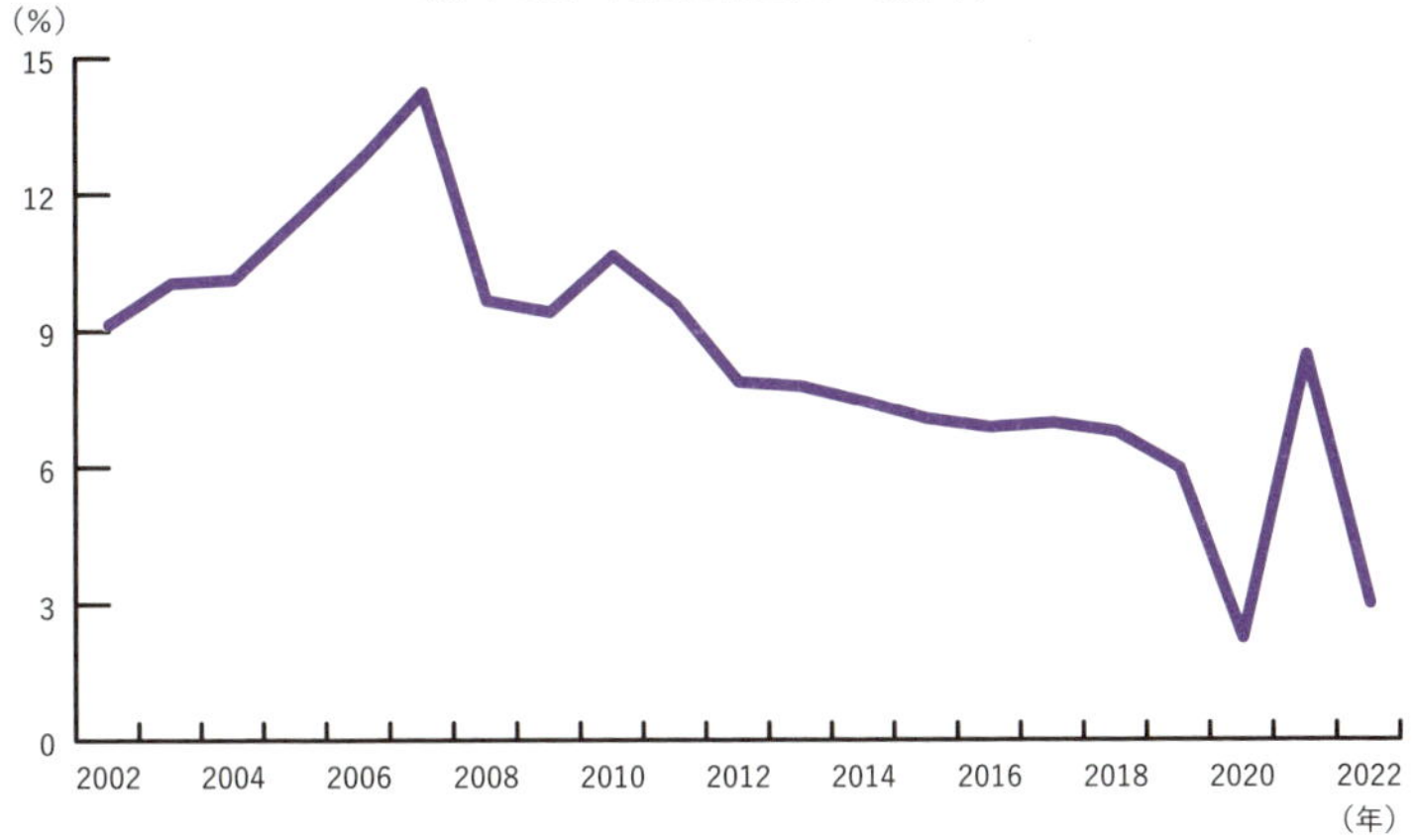

（出所）世界銀行のデータベース

びが鈍るのは22年末以来です。1～5月の民間企業による工場建設や設備投資など固定資産投資も、前年同期を0・1％下回りました。

生産や投資が勢いを欠く背景には需要不足があります。特に、関連産業を含めると中国の国内総生産（GDP）の3割を占めるとの試算もある不動産業が、不振から抜け出せていません。23年1～5月の不動産販売面積は0・9％減りました。取引が低調で、主要70都市の販売価格は5月、前月比で下落した都市が増えました。中古物件では8割近くの都市で値下がりしたといいます。マンションの在庫水準は高止まりしていて、新たな開発ニーズもなかなか生まれません。

こうしたなか、中国人民銀行（中央銀行）は6月、10カ月ぶりの利下げに踏み切りました。

購買担当者景気指数（PMI）　企業の景況感を示す代表的な経済指標の一つ。英語の正式名称は「Purchasing Managers' Index」。50が好不況を判断する分かれ目で、指数が50を上回れば景気が良く、下回ると景気が悪くなると考えられる。

住宅ローン金利などを押し下げ、低迷が長引く不動産市場を下支えする狙いです。

冒頭で紹介した夏季ダボス会議での李首相の発言は、こうした状況を意識したものだったのでしょう。同首相は経済の安定成長に向け「内需の潜在力を拡大し、市場の活力を引き上げる」と強調しました。「高水準の対外開放などを推進する」とも述べました。

中国経済がぶつかる3つの壁

ただ、政府のかけ声とは裏腹に、今後の中国経済には乗り越えるべき壁が少なくありません。まずは人口減少です。中国の国家統計局は23年1月、外国人を含まない中国大陸の総人口が前年末時点で14億1175万人と、1年間で85万人減ったとの推計を発表しました。前年を下回るのは実に61年ぶりです。出生数は1006万人減の956万人と、1949年の建国以来、初めて1000万人を割りました。国連人口基金（UNFPA）が4月に発表した推計によると、インドの人口は23年半ばに14億2860万人となり、中国は世界最多の座を譲りました。

日本経済研究センターは22年12月、中国の実質成長率が30年代に3％を割り込み、経済規模は長期的にも米国を逆転しないとの試算を公表しました。成長抑制の要因に挙げたのは、人口減少による労働力の不足でした。

2つ目の課題は米国との対立です。米国のバイデン政権は22年10月、半導体の先端技術を巡り、

国連人口基金（UNFPA） リプロダクティブ・ヘルス/ライツ（性と生殖に関する健康と権利）推進がテーマの国連機関。

中国は人口減少がリスクに

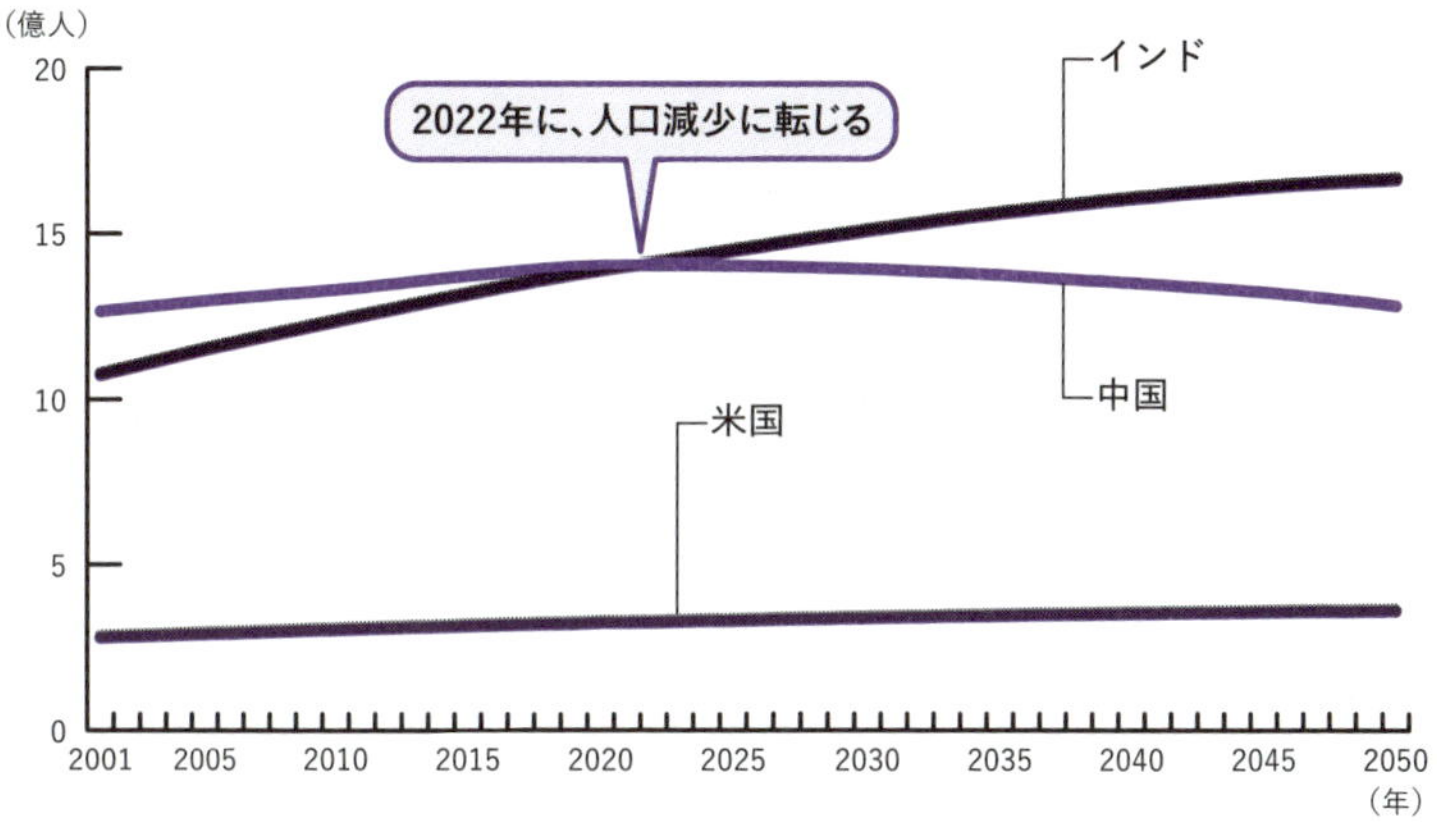

（注）2023年以降は予測
（出所）世界銀行のデータベース

中国への輸出規制を拡大する新しい措置を発表しました。米国企業が人工知能（ＡＩ）やスーパーコンピューター向けの先端技術を中国向けに開発・輸出する場合、事実上の許可制としました。これにより、経済活動の分断が一段と深まる可能性があります。

３つ目の懸念事項として、23年７月に施行された改正反スパイ法の存在も挙げられます。スパイ行為の定義が「国家の安全と利益に関わる文書、データ、資料、物品」の提供や買収に広がりました。どこからがスパイ行為なのかわかりにくく、海外企業が中国で事業展開しづらくなるとの指摘が目立ちます。

隣の超大国の経済動向は私たちの生活にも直接影響します。ポテンシャルとリスクを正しく理解し、賢く付き合う努力が求められます。

Q

42

米　国

米国経済はどうなるのか。

A

利上げ長期化で、2023年後半にも緩やかな景気後退に入るシナリオが有力です。地銀融資の不良債権化など金融不安も残ります。

経済再開で堅調も、景気冷え込みを懸念

ウクライナ侵攻による資源高や新型コロナウイルスからの経済再開に伴う歴史的な物価高を受け、米連邦準備理事会（FRB）は急速な利上げによる荒療治に踏み切りました。2022年3月のゼロ金利解除から16カ月間で計5・25％の利上げを実施。利上げ幅としては1980年代以降で最速です。

米国の歴史的なインフレは和らぎつつあります。23年6月の消費者物価指数（CPI）は前年同月比の上昇率が3・0％でした。約40年ぶりの高水準を記録した22年6月の同9・1％から大幅に縮み、12カ月連続で鈍化しました。

急速な利上げは経済に急ブレーキをかけると当初懸念されましたが、米商務省が23年7月発表した4～6月期の実質国内総生産（GDP、季節調整済み）速報値は前期比の年率換算で2・4％増でした。利上げ開始から1年が経過しても失速を回避しています。

要因の一つに挙げられるのが堅調な雇用情勢です。23年6月の失業率は利上げ開始時の22年3月と同水準の3・6％で、記録的な低水準で推移しています。高齢者の早期退職や移民制限など構造的な人手不足が続いているためです。強い雇用がGDPの7割を占める個人消費を下支えしています。

米国で利上げが続いている

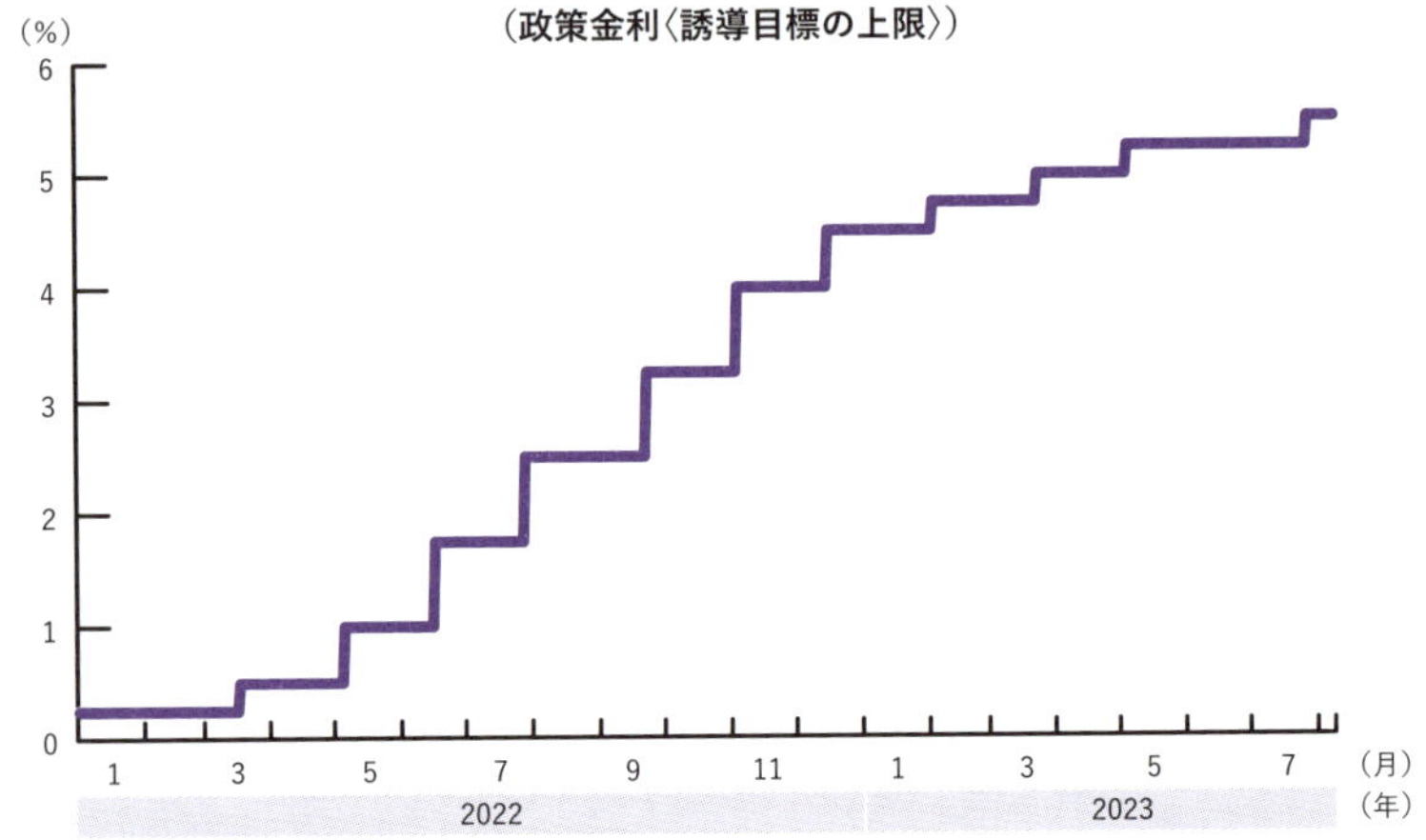

（出所）FRB

　FRBは7月の米連邦公開市場委員会（FOMC）で0・25％の利上げを決定しました。将来の急激な景気の冷え込みを招く「引き締めすぎ」を念頭に、今後は利上げがこれで終わるのか、あと1回があるのかどうかに関心が集まります。

　FRBが重視する個人消費支出（PCE）物価指数の前年同月比の上昇率は5月時点で3・8％と2％の物価目標を大幅に上回ります。人手不足は今なお深刻で、コロナ禍前まで700万人程度だった企業の求人件数は4月時点で1000万人を超えました。新型コロナ流行時に支給された給付金や行動制限などで積み上がった余剰貯蓄は減少しており、今後は個人消費の減速も見込まれます。

　金融引き締めは終盤を迎えていますが、年内の金融緩和などの景気刺激策も想定しづらくなっています。23年後半にも緩やかな景気後退に入るシナリオが想定されます。

相次ぐ銀行の破綻で信用不安が広がる

インフレ対応で経済を冷ますための急激な利上げは、世界経済を揺るがす事態にも発展しました。23年3月の米シリコンバレー銀行（SVB）の経営破綻に発する金融不安です。

コロナ禍の金融緩和に伴うカネ余りで、テック企業の資金調達環境は良好でした。テック企業の預金が急増したSVBは運用先として低利の債券など有価証券の購入に充てていましたが、22年3月にFRBが利上げを開始すると債券の含み損が拡大。巨額損失を出しての債券売却が明らかになると、信用不安に拍車がかかり、預金者が一斉に預金を引き出したことで同行は破綻しました。

米シリコンバレーの象徴的な存在だったSVBの破綻で、ほかの地銀にも信用不安が広がりました。 5月には大手行ファースト・リパブリック・バンク（FRC）も破綻し、わずか2カ月間で3つの金融機関が破綻する事態となりました。今後懸念されるのは、中小銀行が積極的だったオフィスなど商業不動産向け融資の不良債権化リスクです。

新型コロナが広まるまで好調だったオフィス需要は、テレワークの拡大や大手IT（情報技術）

米銀の破綻が相次いだ

	シリコンバレー銀行	シグネチャー・バンク	ファースト・リパブリック・バンク
破綻日	3月10日	3月12日	5月1日
資産規模順位（2022年末時点）	16位	29位	14位
破綻時の資産規模	約2090億ドル（過去３番目）	約1103億ドル	約2291億ドル（過去２番目）
本店所在地	サンタクララ	ニューヨーク	サンフランシスコ

企業の大規模なリストラで大きく縮小しました。不動産サービス大手の米ジョーンズラングラサールのデータによると、23年1～3月のオフィスの空室率はサンフランシスコなど西海岸都市で前年同期比3～4ポイント上昇しました。

08年のリーマン・ショック以降に大手行が融資へ慎重になったのとは対照的に、地銀はオフィスやショッピングモールといった商業用不動産向けを成長分野と位置づけ、融資を伸ばしてきました。米国の商業用不動産ローンの規模別シェアでは、中堅・中小行が約7割を占めます。

今後の景気後退で事業者の返済が滞ったり、担保となっている不動産の価値が低下したりすれば融資が大量に焦げつく可能性があります。融資への依存度が高い地銀ほど自己資本への影響が大きく、経営破綻のリスクが懸念されます。

Q

43

欧 州

欧州はこれから
どこへ向かうのか。

A

対ロシアではNATOを軸に安全保障体制で結束を強めています。経済を巡っては、ロシアと同じく権威主義体制を敷く中国との付き合い方の見直しを迫られています。

ウクライナ侵攻でNATO加盟に急ぐ北欧

2022年2月に始まったロシアによるウクライナ侵攻は、欧州の安全保障環境を大きく揺さぶりました。他国の軍が突然国境を越えて攻めてきたとき、米国や周辺国が直接的な介入に踏み切れない事態を目の当たりにしました。

欧州各国はどのように自国を守れるのかという課題に直面し、安保戦略の見直しを迫られました。**象徴的な動きを見せたのはフィンランドとスウェーデンでした。長く中立を保ってきた安保政策を転換し、北大西洋条約機構（NATO）への新規加盟を22年5月に申請しました。**

両国は地理的にロシアに近く、脅威を直接的に感じていました。フィンランドはロシアと約1300キロメートルの国境を接しています。スウェーデンはバルト海を挟み、ポーランドとリトアニアの間に位置するロシアの飛び地「カリーニングラード」と向かい合っています。23年4月にフィンランドは正式加盟を果たしました。スウェーデンも23年中には加盟できる見通しです。北欧2カ国がNATOの仲間入りをすることでバルト海地域の防衛力は一段と高まりそうです。

北大西洋条約の5条には「締約国への武力攻撃を全締約国への攻撃とみなすことに同意する」と明記されています。集団安全保障の枠組みに入ることで抑止力が働き、たとえ小国であっても

NATO（北大西洋条約機構） North Atlantic Treaty Organizationの頭文字を取った略語。第2次世界大戦後の東西対立に伴い、米国や欧州諸国が中心となって1949年に結成した。本部はベルギーのブリュッセルにあり、現在31カ国が加盟している。

NATO加盟国

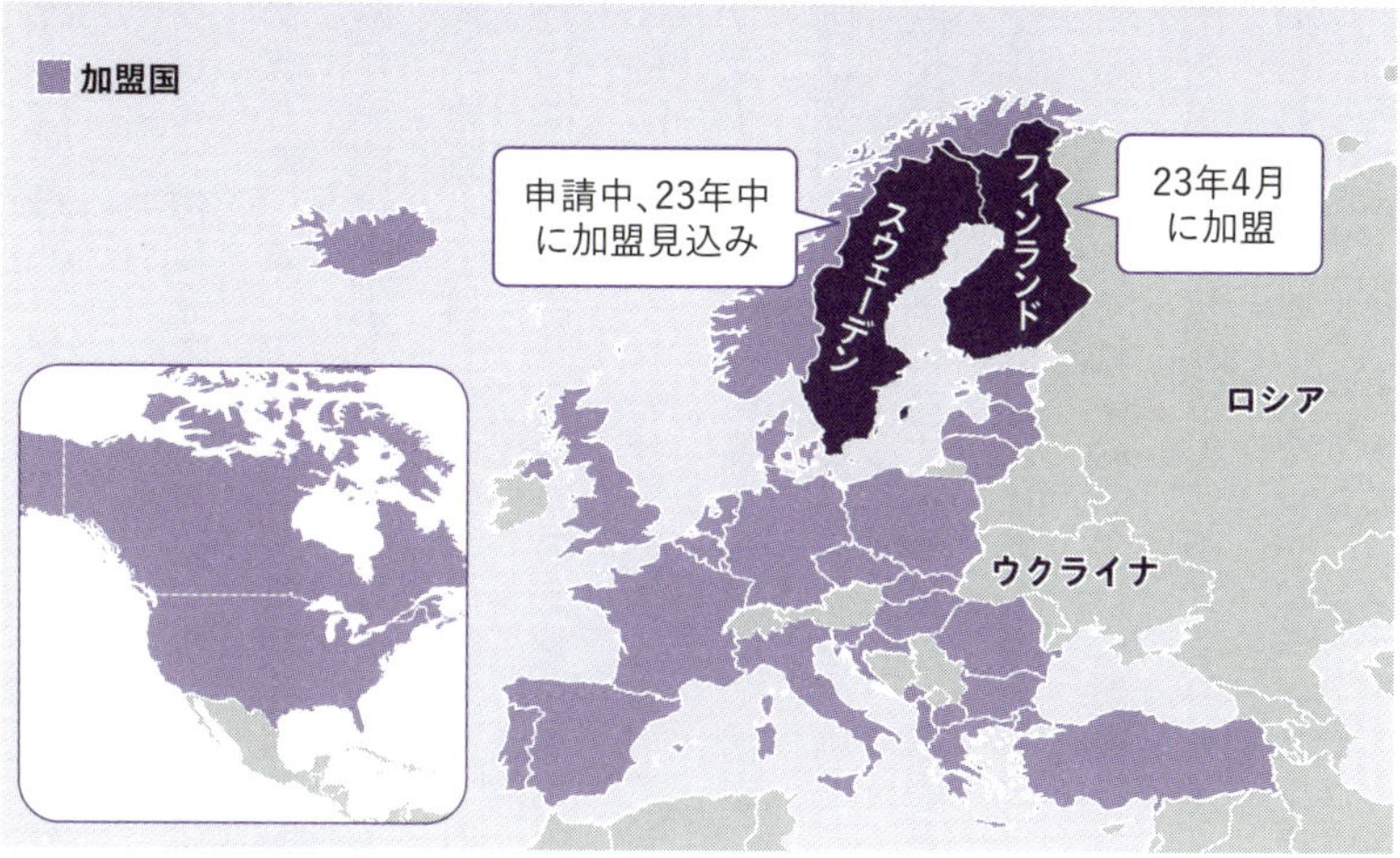

攻め込まれるリスクを小さくできます。

そもそもロシアによるウクライナ侵攻は、ウクライナがNATOに接近したことに対してロシアのプーチン大統領が反発したことが一因となりました。侵攻を決断したことで逆にNATO拡大を招くことになったのはプーチン氏にとって誤算といえます。NATOは加盟国の国防費支出をGDP（国内総生産）比2％以上に増やす目標を掲げており、これに呼応する形でドイツや英国、スペインなどはそれぞれ防衛費を増額する方針を打ち出しています。23年7月のNATO首脳会議ではウクライナの加盟条件について議論が交わされるなど、同国の将来的な加盟に向けた調整も始まっています。

ただ、加盟の前提として戦争の終結や停戦が必要との考えも加盟国の間にはあります。

集団安全保障　多数の国が共同して武力紛争の予防や、平和構築を目指す仕組み。国連決議にもとづく多国籍軍などがこれにあたる。

中台依存からの脱却を目指す欧州

ウクライナ侵攻をきっかけに、国際社会は中国による台湾への軍事侵攻というシナリオを意識し始めました。ロシアと同じく権威主義体制を敷く中国に対して米国は警戒感をあらわにするなか、欧州諸国は米国とはやや異なるアプローチをとっています。

欧州の首脳らで目立つのは「中国詣《もう》で」の動きです。22年11月にはドイツのショルツ首相、同年12月には欧州連合（EU）のミシェル大統領が中国を訪問し、習近平国家主席と会談しました。23年3月にはスペインのサンチェス首相、同年4月にはフランスのマクロン大統領とEUのフォンデアライエン欧州委員長が相次いで訪中しました。

中国は欧州との経済的な結びつきが強く、巨大な市場としての魅力は依然として健在です。ただ、欧州諸国の中国に対する貿易赤字は膨らんでおり、輸出品の拡大が課題となっています。マクロン氏が訪中した際には仏航空機大手エアバスのトップら企業関係者を引き連れ、商談を進展させました。相次ぐ訪中の背景には貿易不均衡を是正しようとする動きがあります。

中国を重要な貿易相手と認識する一方で、経済安全保障の観点から過度な依存を減らす必要性にも迫られています。フォンデアライエン氏は23年3月、中国との関係性について「デカップリング（分断）ではなくデリスキング（リスク低減）」と規定しました。

EU経済安全保障戦略のポイント

（2023年6月公表）

ポイント	★「デリスキング（リスク低減）」を重視
	★4分野で経済安保へのリスク評価を提案
	●サプライチェーン（供給網）の強靱《きょうじん》性
	●重要インフラの安全性
	●先端技術の流出リスク
	●経済面での依存や経済的な威圧

EUが同年6月に公表した新たな経済安保戦略では中国を念頭に、EU域内の先端技術の流出を規制する方策などを盛り込みました。新戦略では中国を名指ししませんでしたが、欧州企業の先端技術が中国によって軍事転用される可能性を警戒しています。サプライチェーン（供給網）の中国依存からの脱却も新戦略に掲げました。EUは電気自動車（EV）の電池製造に欠かせないリチウムの多くを中国からの輸入に頼っています。

欧州諸国は中国との貿易で経済的な恩恵を受けたい一方で、経済安保も確保しなければならないという難しいバランスの上に立っています。

Q

44

新興国

これから注目すべき
アジアの新興国はどこか。

A

インド、インドネシア、ベトナムなどは国内総生産（GDP）の成長率が高く、今後も経済成長が期待される国々として注目されています。

重要性を増すグローバルサウス、インドのGDP成長率7％超え

アジアは世界経済のけん引役として期待が高まっています。特に「グローバルサウス」と呼ばれる新興・途上国は不況のなかでも人口増加を遂げ、雇用基盤を強化してきたことで成長を続けてきました。国際政治の場でも存在感を増しています。

2022年にはインドのGDP成長率は前年比で約7％となり、コロナ禍前の水準に回復しつつあります。インドネシアやベトナムでも同5・3％、8％となっています。

人口増加は働き手の確保につながるとして、経済成長を大きく左右する要因として挙げられます。国連人口基金（UNFPA）は23年4月、インドの人口が23年半ばに中国を抜き世界最多となるとのデータを発表しました。インドは14億2860万人となり、中国の14億2570万人を約290万人上回る予測としています。

背景にはインドでの医療水準の改善が挙げられます。乳幼児死亡率に注目すると11年からの10年間で死亡率を約6割下げることができました。一方で、インドの医療水準は世界の中所得国のなかでも遅れており、モディ首相は国民皆保険制度の整備や医療設備の充実など貧困層にも十分な医療が行き届くよう体制を整えています。14億人を超える人口を有するインドの医療市場の成長余地は大きく、注目が集まっています。

GDP成長率

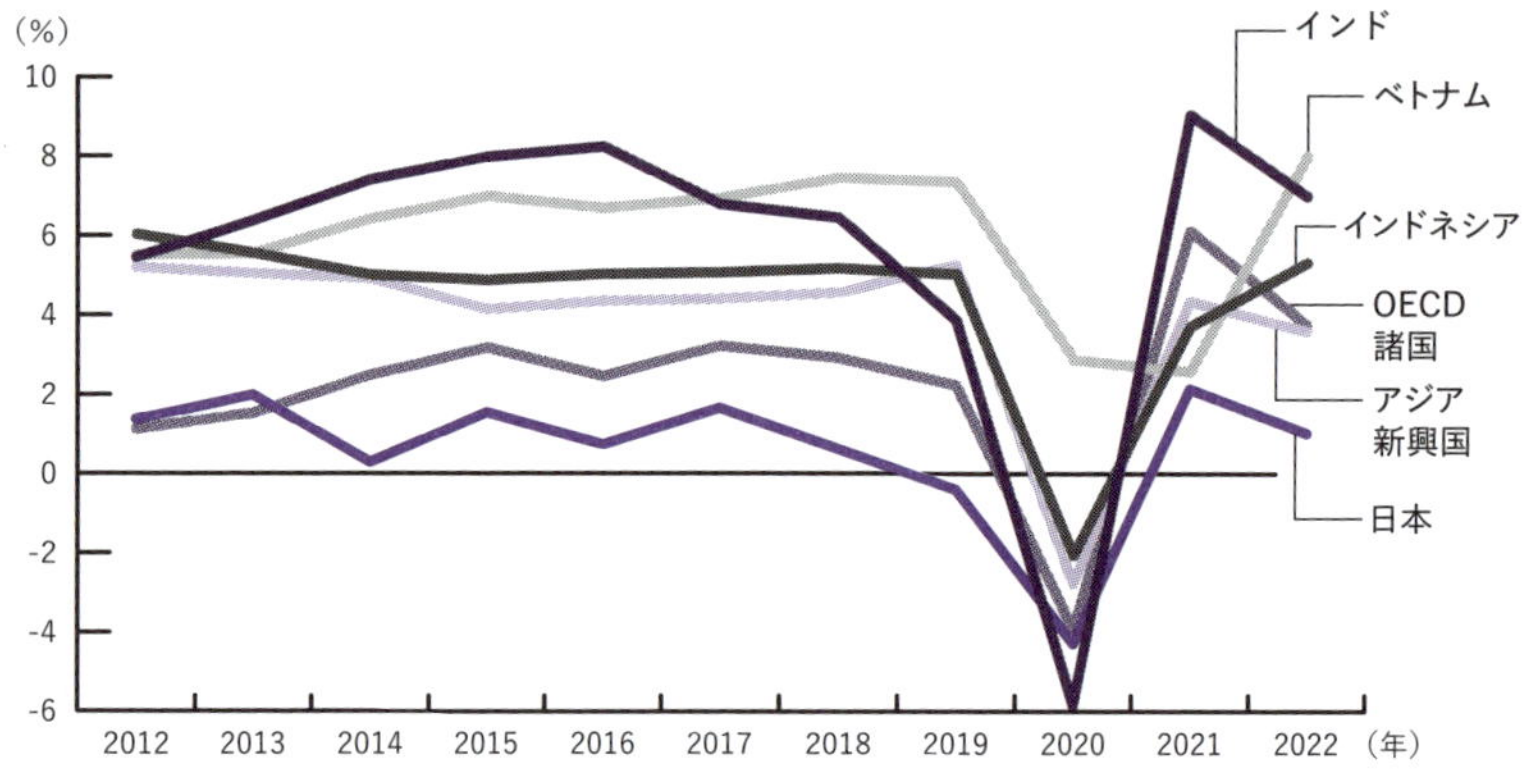

（注）アジア新興国の定義はアジア開発銀行(ADB)にもとづく。
アフガニスタン、ブータン、トルクメニスタン、パラオ、トンガ、台湾、クック諸島、ニウエを除く
（出所）世界銀行のデータベース

また、日米豪印の枠組み「Quad（クアッド）」や、中国とロシアが主導する上海協力機構（SCO）にも加盟しています。モディ氏はインドの立ち位置について二極化ではなく「グローバルサウスの一員として多様な声の懸け橋になり、建設的で前向きな議論に貢献する」と主張しています。

インドネシアでも23年半ばの人口は2億7750万人、ベトナムでも9890万人と推計されています。両国とも生産年齢人口（15～64歳）比率の高まりから消費が活発になる「人口ボーナス期」にあるとされており、さらなる経済成長が期待されています。

22年、インドネシア・バリで開催された20カ国・地域首脳会議（G20サミット）では、議長国のインドネシアと23年に同役を務めるインド

Quad（クアッド）　民主主義や法の支配といった共通の価値観を持つ日米豪印の4カ国で構成する、安全保障や経済を協議する枠組み。2006年に安倍晋三元首相が提唱し、21年に初めてオンラインで首脳会議が開かれた。

が各国への根回しに奔走したことで、共同宣言を出すことができました。ロシアのプーチン政権と友好を保つ中国は当初、共同宣言からの反ロシア色を薄めようとしていましたが、インドとインドネシアの働きかけにより、ロシアを非難する宣言の採択が実現しました。これはグローバルサウスの存在感の高まりを象徴しているとも捉えることができます。

ベトナムでは外資企業の製造拠点が集まり、投資も盛んです。優秀な人材の確保や現地市場の拡大も引き続き期待されています。これらの人材に良質な雇用機会を提供することが今後さらなる成長を遂げるために必要です。

政治・社会の安定が成長のカギ

政治や社会の安定も課題として残ります。多くのアジア新興国は経済成長を遂げてきたものの、発展や投資を呼び込むためには政情の安定やビジネス環境の改善が欠かせません。

新型コロナ流行に加え、ロシアによるウクライナ侵攻の長期化で国際的に食料や燃料の価格高騰を招きました。また、「ゼロコロナ」政策の影響の残る中国経済の伸び悩みや、インフレに伴う物価高や金利高で内需の減速も見られ、アジア経済に打撃となっています。生活に不満を感じた市民が抗議運動を起こしたことで、不安定な状況が続いています。

22年にはスリランカで生活の困窮を訴える市民からの抗議を受け、大統領が国外脱出し政権が

20カ国・地域首脳会議（G20サミット）　日本や米国、英国、ドイツをはじめとする主要7カ国（G7）に加え、ロシアや中国、インドなどの新興国を含む20カ国・地域（G20）の首脳級が集まる国際会議。2008年のリーマン・ショックによる世界経済の危機に対処するための会議として発足し、初回は米首都ワシントンで開催された。議長国は持ち回りで、22年はインドネシアが務めた。東南アジアでの開催は初めて。

アジア新興国の2023年人口予測

国　名	2023年予測
インド	14億2860万人
中国	14億2570万人
インドネシア	2億7750万人
パキスタン	2億4050万人
バングラデシュ	1億7300万人
フィリピン	1億1730万人
ベトナム	9890万人

（注）国連人口基金（UNFPA）のデータをもとに作成

崩壊する出来事がありました。パキスタンでも経済の失政が原因で政権が崩壊しました。21年2月にクーデターで国軍が実権を握ったミャンマーでも混乱は続いています。

アジアの多くの国々は米国や中国、ロシアといった大国の狭間で外交のバランスを探ってきました。ウクライナ侵攻を巡ってもシンガポール以外は対ロシア制裁に関して慎重な姿勢を保ってきました。

一方で、新型コロナの収束で観光業やレジャーを含むサービス業で比較的高い成長率を維持しています。特に中国からの観光客が戻り、タイではコロナ禍前の19年の84%まで客足が回復すると予想されています。国際移動が自由になり、各国の交流が増えることでアジア新興国の経済回復が期待できます。

Q

45

中 東

中東を巡るニュースには何があったか。

A

地域の覇権を巡り争ってきたイランとサウジアラビアが外交を正常化しました。緊張緩和の動きは中東全体に波及しています。

国交正常化が広がる連盟の輪

2023年3月、イランとサウジアラビアは国交を正常化すると発表しました。6月にはイランが在サウジ大使館の業務を再開するなど、実際に正常化の動きを進めています。

両国は16年に断交していました。サウジがシーア派の指導者を処刑したことにイランが反発し、同国首都テヘランのサウジ大使館が襲撃されたことがきっかけです。

イラン、サウジはそれぞれイスラム教シーア派、スンニ派の盟主を自任する地域大国です。両国関係は周辺国に大きな影響を与えます。

長年の対立は、シリアやイエメンなど周辺国で終わりの見えない「代理戦争」とも呼ばれる状況を生みました。イラン、サウジにとっても、長引く戦闘は大きな負担でした。

国交が正常化すると、中東全体に融和ムードが広がりました。

象徴的なのがシリアです。23年5月、サウジなどアラブ諸国で構成するアラブ連盟に復帰しました。11年に内戦が始まって以降、シリアは参加資格を停止されていました。イランが支援するシリアのアサド政権が「自国民を弾圧している」というのが理由です。

イラン、サウジの国交正常化が連盟復帰につながりました。アサド政権が内戦で優位を固め、アラブ諸国が政権側と関係改善の意向を高めたことも理由の一つです。

中東に融和ムードが広がる

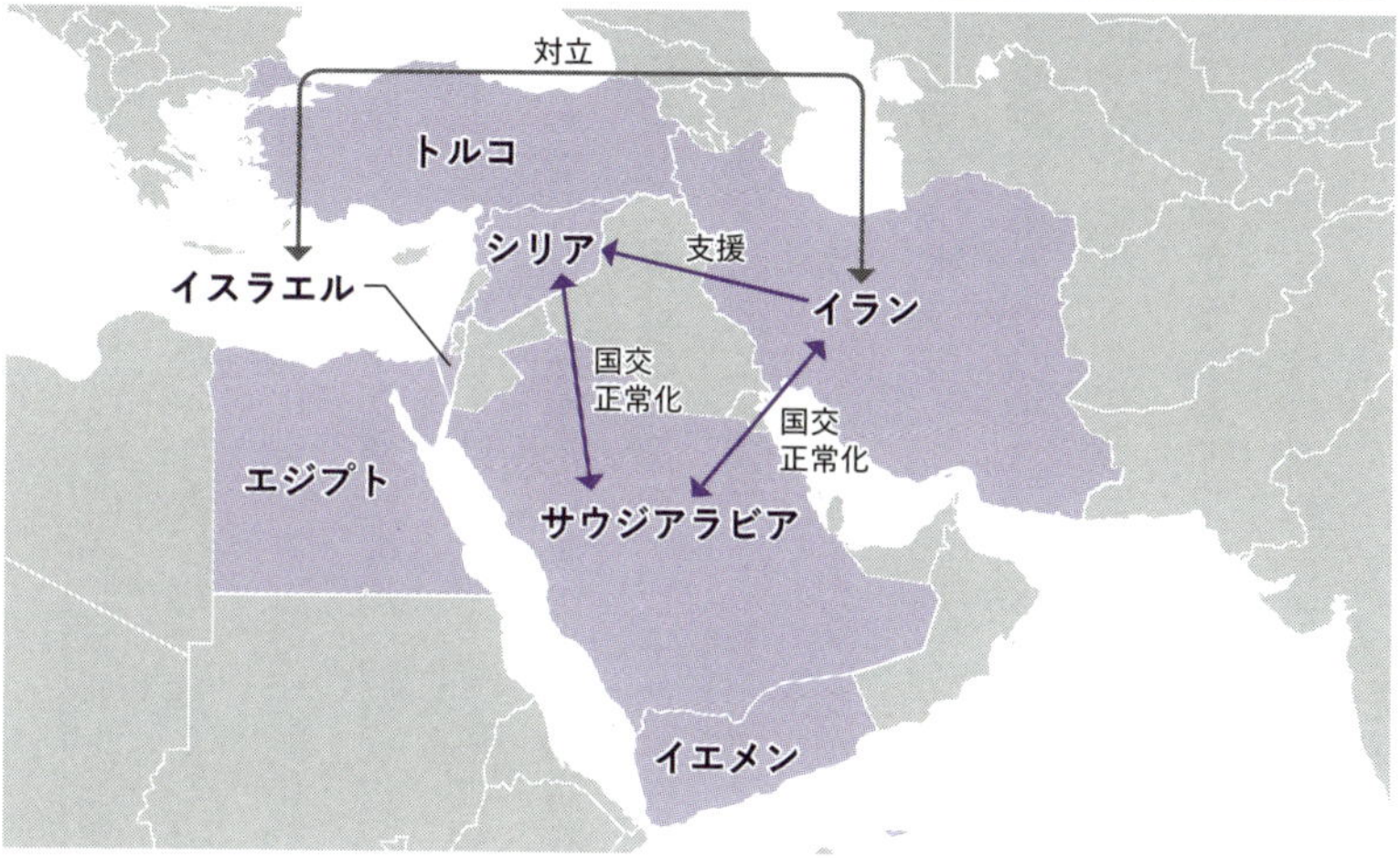

イエメンでも内戦終結に向けた機運が出ています。同国ではサウジが後ろ盾の暫定政権と、イランが支援するシーア派武装勢力フーシが対立していました。サウジとフーシは23年4月、停戦に向けた協議を始めました。

ほかにもイランは同月に駐アラブ首長国連邦（UAE）大使の7年ぶりの復帰を発表しました。1979年から断交が続くエジプトとも関係を改善させるのではないかともいわれています。

仲介役で浮き彫りとなる米中の存在感と周辺国の動き

注目すべきは、イランとサウジを仲介したのが中国だったことです。これまでは米国が中東地域の安定に向けて、大きな役割を果たしていました。

米国は2000年代後半の「シェール革命」によって世界最大の産油国となり、原油を依存してきた中東の重要性が薄れました。多くの犠牲を生んだ03年からのイラク戦争で疲弊したこともあり、米国は中東情勢に以前ほど積極的に介入しなくなっています。

米国はシリアのアラブ連盟復帰には反対していました。アサド政権による自国民弾圧は続いているなどとして、現在も欧州などとともに経済制裁を続けています。**アラブ諸国は米国の意向に応じませんでした。中東地域での米国の存在感低下が浮き彫りになったといえます。**

これに対し、警戒感を高めているのがイスラエルです。米国の同盟国であるイスラエルは20年に一部のアラブ諸国と「アブラハム合意」を結び、関係改善を進めてきました。核開発などを巡って敵対するイランをけん制することが目的でしたが、サウジとイランが国交正常化し、目算が狂ったと考えられます。

非アラブのもう一つの大国、トルコもアラブ諸国との関係改善を急いでいます。湾岸の産油国から経済支援を得ることが目的です。トルコでは通貨安が続くリラの相場を安定させるための為替介入で、外貨準備高が不足しています。

同国のエルドアン大統領は「金利は悪」などとして、リラ安局面でも利下げを続ける独自の金融政策を続けていました。イスラム法は利子のやりとりを禁止しており、同氏の支持基盤である

シェール革命　2000年代に米国で、岩盤に割れ目をつくって取り出す技術などが確立され、米国の原油・ガス生産量が急拡大したこと。

アブラハム合意　2020年にイスラエルがアラブ諸国と結んだ国交樹立合意。米トランプ前大統領が仲介した。まずアラブ首長国連邦（UAE）が署名し、その後バーレーンやモロッコも国交を正常化させた。

直近の中東での主な動き

2023年3月	イランとサウジが国交正常化を発表
4月	イエメンの武装勢力「フーシ」とサウジが停戦協議
	イランが在UAE大使の復帰発表
5月	シリアがアラブ連盟に復帰
	トルコ大統領選でエルドアン氏が再選
6月	イランが在サウジ大使館を再開

敬虔《けいけん》なムスリムを取り込むことが目的だとされています。経済の定石とは真逆の金融政策で急激に物価高が進み、トルコ経済は疲弊しています。

トルコでは5月に大統領選が実施されました。経済不安によりエルドアン氏は劣勢だとされましたが、決選投票の末に再選されました。新たに5年の任期を得たことで、エルドアン氏の今後の金融政策に注目が集まっています。ウクライナ侵攻を巡る対応も国際社会の大きな関心事項です。トルコの賛成を得て、スウェーデンは新たに北大西洋条約機構（NATO）に加盟する見通しとなりました。エルドアン氏は22年7月に黒海穀物合意を取りまとめるなど、ロシアのプーチン大統領ともつながりが深いとされています。

黒海穀物合意　ウクライナ産穀物の黒海を経由した輸出に関する協定。安全に穀物を輸送するため2022年にトルコと国連の仲介のもと、ロシア、ウクライナが合意したが23年7月、ロシアが離脱を表明した。

用語索引

写真

共同通信社

日刊工業新聞／共同通信イメージズ

山陽新聞／共同通信イメージズ

ロイター＝共同

Soumyabrata Roy/NurPhoto/共同通信イメージズ

©Taidgh Barron/ZUMA Press Wire/共同通信イメージズ

©Tomas Tkacik/SOPA Images via ZUMA Press Wire/共同通信イメージズ

中央通信社＝共同

いまを読み解く45の分析
Q&A 日本経済のニュースがわかる!
[2024年版]

2023年9月14日 1版1刷

編　者	日本経済新聞社
	©Nikkei Inc.,2023
発行者	國分正哉
発　行	株式会社日経BP
	日本経済新聞出版
発　売	株式会社日経BPマーケティング
	〒105–8308　東京都港区虎ノ門4–3–12
ブックデザイン	尾形 忍(Sparrow design)
イラスト	松山朋未
印刷・製本	凸版印刷

本書籍に関するお問い合わせ、ご連絡は下記にて承ります。
https://nkbp.jp/booksQA

Printed in Japan　ISBN978-4-296-11861-8